ATT MÄTA MÄNSKLIG MEDVETENHET

RICHARD BARRETT

ATT MÄTA
MÄNSKLIG
MEDVETENHET

RICHARD BARRETT

Copyright © 2015 Richard Barrett.

Alla rättigheter reserverade. Ingen del av denna bok får reproduceras, lagras eller överföras på något sätt – vare sig som ljud, grafisk, mekaniskt eller elektroniskt — utan skriftligt tillstånd från både utgivare och författaren, förutom i form av korta utdrag i kritiska artiklar och recensioner. Otillåten reproduktion av någon del i detta arbete är olagligt och är straffbart enligt lag.

ISBN: 978-1-291-98796-6(sc)
ISBN: 978-1-4834-2345-6 (e)

På grund av internets dynamiska karaktär, kan några webbadresser eller länkar som ingår i denna bok ha ändrats sedan publikationen och är kanske inte längre giltiga. Åsikter som uttrycks i detta arbete är enbart de av författaren och återspeglar inte nödvändigtvis åsikterna hos förlaget, och förlaget friskriver sig härmed från allt ansvar för dem.

Alla människor som skildras i bildbanken och som tillhandahålls av Thinkstock är modeller, och sådana bilder används bara illustrativt.
Certain stock imagery © Thinkstock.

Översättning: Gunnel & Tor Eneroth

Lulu Publishing Services rev. date: 01/02/2014

INNEHÅLLSFÖRTECKNING

Förord xiii

1. Bakgrund 1
2. Förstå medvetenhet 19
3. Definera medvetenhet 38
4. Mäta personlig medvetenhet 50
5. Mäta organisatorisk medvetenhet 58
6. Mäta nationell medvetenhet 65

Appendix 1: Historien om modellen Sju nivåer av medvetenhet 69
Appendix 2: Världsuppfattning och stadier av psykologisk utveckling 77
Appendix 3: Sju stadier av psykologisk utveckling 80

Index 89

FIGURER OCH TABELLER

Figurer

1.1: Stadier av psykologisk utveckling och nivåer av medvetenhet 2
1.2: Mina topp-tio värderingar 4
1.3: Andelen människor som väljer värderingen vänskap i olika åldersintervaller 12
4.1: Nivåer av medvetenhet hos en individ med hög personlig entropi 52
4.2: Jämförelse av hur en individ med hög entropi ser sig själv och hur hen ses av sina utvärderare 54
4.3: Nivåer av medvetenhet hos en individ med låg personlig entropi 55
4.4: Jämförelse av hur en individ med låg entropi ser sig själv och hur hen ses av sina utvärderare 56
5.1: Nivåer av medvetenhet i en organisation med hög kulturell entropi 59
5.2: Jämförelse av nuvarande kultur och önskad kultur. 60
5.3: Jämförelse av personlig medvetenhet med önskad medvetenhet 61
5.4: Fördelning av medvetenhet i en organisation med låg kulturell entropi och hög samstämmighet 62
5.5 : Korrelation mellan medarbetarengagemang och kulturell entropi ... 63
6.1 : Fördelning av medvetenhet i Storbritannien 66
6.2 : Fördelning av medvetenhet i Bhutan 67

Tabeller

1.1: Motivation- och värderingsprioriteringar för varje stadie av psykologisk utveckling 10

2.1: Tre universella stadier av evolution 30

A1.1: Från Maslow till Barrett 69

A2.1: Stadier av psykologisk utveckling och världsuppfattningar 77

Informationen i denna bok är hämtade från mina senaste publikationer: *Evolutionary Coaching (2014)*, *The Values-Driven Organization (2013)*, *What My Soul Told Me (2012)*, *Love, Fear and the Destiny of Nations (2011)* och *The New Leadership Paradigm (2010)*.

"Varje nobelt arbete är först omöjligt." – Thomas Carlyle

FÖRORD

Uppkomsten av denna bok går tillbaka till när Richard träffade Marc under en konferens om medveten kapitalism (Conscious Capitalism), som hölls vid Esalen Institute i Big Sur, i Kalifornien 2012. Richard var på konferensen för att presentera sitt föredrag om att mäta medvetenhet hos ledare och organisationer. Marc var på konferensen för att presentera sitt föredrag om begreppet det *unika jaget* (Unique Self). Samtalet mellan de två riktades snabbt in på att utveckla ett sätt att mäta medvetenheten i det *unika jaget*.[1]

Efter konferensen utvidgade Marc samtalen med Richard genom att involvera Zak Stein, Academic Director of the Center for Integral Wisdom, och Ken Wilber, en av grundarna av centret. Efter flera samtal, bad vi (Marc och Zak) Richard att undersöka möjligheten att utveckla ett mått för det *unika jaget*. Richard accepterat utmaningen och gick med i styrelsen för centret som senior forskare. Denna bok utgör det första resultatet av det arbetet.

Inledningsvis innebär uppgiftens natur att ta upp vissa viktiga frågor. Hur kan något så abstrakt som det *unika jaget*, som är en struktur av medvetandet mätas? En populär vanföreställning är att mätningar endast avser det objektiva, konkreta i den fysiska vetenskapen, inte den subjektiva, immateriella världen av medvetande. Så varför var vi och centret så angelägna att undersöka denna fråga?

Vi menar att historien har visat oss att utvecklingen av mätningar är grundläggande för ett samhälles utveckling. Idag, tar vi de standardiserade systemen för fysiska mätningar för givet såväl i vårt dagliga liv som i den vetenskapliga utvecklingen, den fungerande industrin och i de ekonomiska ledningssystemen.

När du går till mataffären, har du vanligtvis inte en tanke på riktigheten eller tillförlitligheten i den markerade vikten eller volymen av de varor som du köper. Men nästa gång du köper kött till din familj eller bränsle till din bil, kan du lägga märke till att det finns en reglerad certifiering av noggrannhet på en skala eller pump. Certifieringen säkerställer att köttet du köper verkligen väger ett kilo eller bränslet du köper verkligen är en liter.

Dessa mätsystem, som vi idag tar för givet, tog århundraden att utveckla och dess utbredda användning innefattar en rad politiska revolutioner, särskilt när det gäller institutionaliseringen av begreppen rättvisa och jämlikhet. Som någon i den franska revolutionen uttryckte det, "en åtgärd för hela mänskligheten för all framtid".

På grund av den långa historiken av missbruk av mått (och missbruk av människor genom missbruk av mått) uppfattas standardisering och rättsliga institutionaliseringar av objektiva mätmetoder vara en social rättvisefråga och en viktig del av den demokratiska samhällsstyrningen. Det är inte en tillfällighet att den internationella symbolen för rättvisa har en uppsättning viktmått som representerar opartiskhet i ena handen och ett svärd som representerar makt i den andra. Opartiskheten betonas också av en ögonbindel.

Den grundläggande vikten av att etablera ett mätsystem illustreras av det faktum att flera av de första presidenterna av Förenta Staterna uttryckte standardiseringen av mått och vikt i sina regeringsdeklarationer.

Väl inrättade, kom inte frågor som rör mätning upp i presidentvalsdiskussionerna under nästan två århundraden. Först under 1970-talets postindustriella samhälle kom standardiserade pedagogiska tester; så kallade "mätetal för mänskligt kapital" att anses vara lika nödvändigt för utvecklingen av nationen och ekonomin under nittonhundratalet, som fysiska mått av vikt och volym var på sjuttonhundratalet.

Så i dag, med mätaktiviteter väl etablerade i våra vetenskapliga, ekonomiska och utbildningsmässiga världar, utmanas vi att söka olika sätt att även mäta vår psykologiska och sociala värld. Medvetenhet har blivit den nya "råvaran" i den kunskapsbaserade ekonomin.

Precis som fysisk mätning blev en social rättvisefråga för århundraden sedan, har nu medvetenhet blivit en social rättvisefråga. Tack vare denna utveckling har rörelser som medveten kapitalism, miljömässig hållbarhet och det ökade populära motståndet mot odemokratiska regimer börjat växa.

Som Einstein sa, vi kan inte lösa de problem vi har skapat med samma nivå av medvetenhet som vi skapat dem med. Därför behöver vi tydligare definiera vilka nivåer av medvetenhet vi är verksamma i och vilka nivåer av medvetenhet vi måste förflytta oss till för att lösa de nuvarande problem som vårt globala samhälle har och står inför.

Det som är sant för den kunskapsbaserade ekonomin har också blivit sant inom utbildningsområdet[2]. Från den ökande användningen av standardiserade tester på alla nivåer i skolan, till den utbredda användningen av Myers-Briggs tester och andra liknande tester i näringslivet, har spridning av psykologiska mätsystem varit exponentiell under de senaste decennierna.

Ett modernt slagord inom industrin, vetenskapen, och alltmer inom utbildning är "om det inte kan mätas, då existerar det inte". Vi måste stödja och driva radikala innovationer inom utvecklingen av psykologisk mätteknik, eftersom vår förmåga att mäta något inte bara ändrar konversationen om vad som finns, utan också om vad vi ska satsa på och vad vi bör vårda i vårt globala samhälle.

Naturligtvis finns det några som tror att medvetenhet inte kan mätas, att medvetenhet är alltför immateriellt eller alltför komplext för att vara möjlig att mäta. Å ena sidan är detta sant; vissa aspekter av sinnet kommer alltid undan objektifiering. Å andra sidan, vilket teoretiker och forskare som Habermas och Wilber har visat, finns det sätt att mäta psykologiska kvaliteter och egenskaper. Det finns sätt att omvandla subjekt till objekt. I detta sammanhang kan vi helt enkelt inte ha tillräckligt med debatt om vilka psyskiologiska eller medvetenhetsegenskaper som har betydelse, vilka av dem är värda att mäta och hur dessa mått bör användas för att förbättra vårt samhälle.

Detta leder oss till värdet av det banbrytande arbete vi har framför oss. Richard Barrett ger oss en spännande ny riktning för mätning av medvetandet. Han har bevisat att insikterna kring att mäta vår medvetenhet avsevärt kan förbättra våra individuella, organisatoriska och samhälleliga prestationer. Även om mycket arbete återstår för att förfina och göra det som erbjuds på dessa sidor om att mäta det *unika jaget* användbart, så framstår Barrett Values Centre's arbete som ett bevis för vad som kan uppnås genom att dedikerat mäta medvetenhet.

Dr. Marc Gafni, Co-Founder and Director,
Center for Integral Wisdom
Dr. Zachary Stein, Academic Director, Center for Integral Wisdom
October 2014

Noteringar

[1] Marc Gafni, *Your Unique Self: The Radical Path to Personal Enlightenment* (Integral Publishers: Tucson), 2012.

[2] Zachary Stein, *Tipping the scales: Social Justice and Educational Measurement*. (Doctoral Dissertation) (Harvard University Graduate School of Education. Cambridge, MA), 2014.

1

Bakgrund

Jag började arbeta med att definiera mätmetoder av mänskligt medvetande runt 1995. Det var faktiskt en tillfällighet. Jag försökte föra samman idéerna av Vedisk filosofi när det gäller de högre nivåerna av medvetande och Maslows behovshierarki när det slog mig att de olika graderingarna av högre nivåer av medvetande, som uttrycks i den Vediska traditionen, i varierande grad motsvarade Maslows uttryck för självförverkligande. Från denna forskning kom idén till modellen för Sju nivåer av medvetande (en översikt över ursprunget till modellen finns i bilaga 1).

När jag hade definierat modellen, insåg jag snabbt att specifika värderingar och beteenden kan associeras till varje nivå av medvetande, och följaktligen, om du kan bestämma värderingarna för en individ eller grupp kan du identifiera vilka nivåer av medvetande den/de agerar ifrån. Mätsystemet jag utvecklade blev känt som Cultural Transformation Tools (CTT). 1997 bildade jag ett bolag, Barrett Values Centre (BVC), och började använda mätsystemet för att kartlägga medvetenheten hos ledare och i organisationer.[1]

Baserat på den feedback vi fått från användare av CTT, har vi genom åren gjort vissa justeringar i mätsystemet för att förbättra dess tillförlitlighet och giltighet. Nu, mer än sexton år senare, har vi en väl etablerad och globalt erkänd uppsättning av verktyg för att kartlägga värderingar och mäta medvetenhet hos individer och mänskliga gruppstrukturer (team, organisationer, samhällen och nationer). Fram till idag (vinter 2014), har BVC använt verktygen för att mäta medvetenhet hos fler än 5 000 organisationer, 4 000 ledare och i 24 nationer. Under senare år har jag börjat inse att förutom kartläggning av mänsklig medvetenhet genom Sju nivå-modellen, kan den också användas som en mall för att beskriva de mänskliga psykologiska utvecklingsstadierna. Figur 1.1 visar de psykologiska utvecklingsstadierna och deras överensstämmelse med de sju nivåerna av medvetande. Vi växer i utvecklingsstadier (psykologiska) och vi agerar på nivåer av medvetande.

Figur 1.1: Stadier av psykologisk utveckling och nivåer av medvetenhet.

Stadier	Nivåer	
Tjänande	Service	(7)
Integrerande	Göra skillnad	(6)
Självförverkligande	Inre samstämmighet	(5)
Individualisera	Transformation	(4)
Differentiering	Självkänsla	(3)
Anpassning	Relationer	(2)
Överlevnad	Överlevnad	(1)

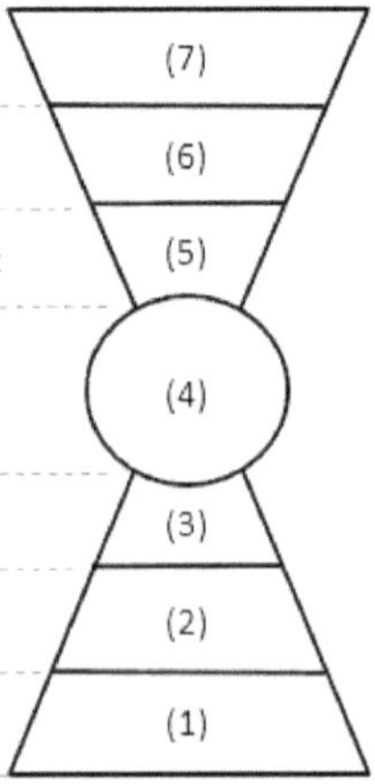

Under normala omständigheter kommer medvetandenivån du agerar på vara samma som det psykologiska utvecklingsstadium du har nått. Men oavsett vilket skede av psykologisk utveckling du befinner dig på när du konfronteras med vad du anser vara en potentiellt negativ förändring i din situation eller en situation som du tror skulle kunna hota din inre stabilitet eller externa balans – något som framkallar rädsla – kan du tillfälligt komma att förflyttas till en av de tre lägre nivåerna av medvetande.

Att mäta mänsklig medvetenhet

Alternativt, om du har en "peakupplevelse", en positiv upplevelse av eufori, harmoni eller samhörighet av mystisk eller andlig natur, kan du tillfälligt "hoppa upp" till en högre nivå av medvetenhet. När hotet eller den positiva erfarenheten har passerat, kommer du tillbaka till den nivå av medvetenhet som motsvarar det stadie av psykologisk utveckling som du var på innan upplevelsen. I sällsynta fall, kan en positiv upplevelse ha en bestående effekt som gör att du förflyttas till ett högre stadie av psykologisk utveckling och fortsatt verkar från en högre nivå av medvetenhet.

På motsvarande sätt kan en "negativ" erfarenhet, om den är tillräckligt traumatisk och särskilt om den förekommer i din barndom eller tonårstid, hindra din framtida psykologiska utveckling genom att du blir fast i eller går tillbaka till en av de tre lägre nivåerna av medvetenhet (ofta utlöst av det traumatiska minnet).

Mina topp tio värderingar

I figur 1.2 visar jag hur modellen kan användas genom att placera mina egna topp-tio värderingar i relation till de Sju nivåerna av medvetenhet. Du kan göra samma sak kostnadsfritt på www.valuescentre.com/pva. Rutan efter figur 1.2 ingår i rapporten som genereras efter utvärderingen.

I denna rapport kan du se att mina värderingar är fördelade över alla sju nivåer av medvetenhet. Mitt huvudfokus är på medvetandenivåerna *själv förverkligande* och *integrerande*.

Figur 1.2: Mina topp-tio värderingar

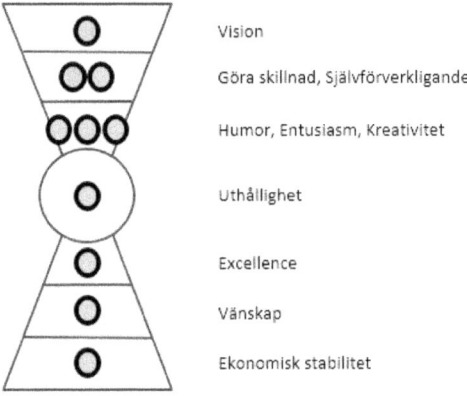

Vision
Göra skillnad, Självförverkligande
Humor, Entusiasm, Kreativitet
Uthållighet
Excellence
Vänskap
Ekonomisk stabilitet

RAPPORT R. BARRETT

Du har valt positiva värderingar i varje område. Det tyder på att du lever ett balanserat och fullvärdigt liv. Det är ovanligt att vi ser detta. Från de värderingar du har valt är det tydligt att du är en person för vilken mening är viktigt. Du har starka moraliska normer som är viktiga för hur du behandlar andra och hur du själv vill bli behandlad.

Dina värderingar visar:

- Du har en gåva att kunna tänka fantasifullt och använda dina kunskaper för att hitta på nya idéer det hjälper dig att göra positiv skillnad för andra i deras liv.
- Det är viktigt för dig att leva passionerat med en positiv och livsnjutande inställning.
- Du uppskattar hög standard och kvalité och drivs av att upprätthålla dessa i alla aspekter av ditt liv.
- Att behålla kontrollen över din ekonomi och se till att du inte överspenderar ger dig en känsla av välbefinnande.
- Det är viktigt i ditt liv att ha meningsfulla och nära relationer med andra.

- Din bestämdhet och beslutsamhet att slutföra saker säkerställer att du har förmågan att fullfölja dina ambitioner.
- Det är viktigt för dig att du har mening och känner belåtenhet i ditt liv.
- Du ser möjligheter där andra inte gör det och du har förståelse för vilka åtgärder som behövs för att nå dit.

Den typ av värderingar som du valt indikerar att dina individuella förmågor är viktigast för dig. Genom ditt val av värderingar visar du också omsorg för det gemensamt goda t.ex. göra skillnad/något betydelsefullt.

Vad innebär mätning av medvetande?

Innan du utforskar modellen för Sju nivåer av medvetande och dess användning, är det viktigt att ägna lite tid åt att förstå vad det innebär att "mäta medvetande".

Från det ögonblick vi föds och till dess att vi når fysisk mognad, passerar vi genom tre stadier av psykologisk utveckling: överlevnad, anpassning och differentiering. Under dessa stadier av utveckling lär vi oss att tillfredsställa det Abraham Maslow benämnde som våra grundläggande behov, eller bristbehov. Vi får ångest om dessa behov inte uppfylls, men när de är uppfyllda, ägnar vi inte längre så stor uppmärksamhet åt dem.

Om vi utvecklas normalt genom dessa stadier av utveckling utan något betydande psykologiskt trauma, börjar vi känna en dragning mot de vuxna stadierna av vår psykologiska utveckling vid trettioårsåldern: individualisering, självförverkligande, integrerande och tjänande. Under dessa stadier lär vi oss att uppfylla det som Abraham Maslow benämner som våra tillväxtbehov. När vi upplever känslan av mening och glädje som våra tillväxtbehov ger oss, vi vill ha mer.

Samtidigt som vi växer "vertikalt" och utvecklas fullt ut, givet vårt uttryck på de djupaste nivåerna som människa, växer vi också "horisontellt". Vi förvärvar kunskaper, färdigheter och erfarenheter som vi behöver för att leva i komplexa miljöer när vi går igenom vår barndom, våra tonårsliv och åren som unga vuxna.

> Den modell av psykologisk utveckling som beskrivs här skiljer sig från de flesta andra modeller på ett viktigt sätt: den ser utvecklingen genom linsen av den evolutionära ego-själ dynamiken.

Om vi misslyckas med att utvecklas horisontellt — behärska färdigheterna som krävs för att leva i allt mer komplexa miljöer – kommer vi att hämmas i vår förmåga att växa vertikalt.

Det finns många modeller som fokuserar på den vuxna psykologiska utvecklingen, där var och en av dem beskriver den evolutionära vertikala utvecklingen på olika sätt.[2] Modellen av psykologisk utveckling som beskrivs här, Sju nivå-modellen, skiljer sig från de flesta andra (akademiska) modeller på ett viktigt sätt: den ser på utvecklingen genom en lins av en *evolutionär ego-själ dynamik* i tillväxt och utveckling av jagets motivation, den progressiva men normalt subtila påverkan av själens motivation, överjagets motivation, samt utveckling av själens motivation.

Egots utvecklingsfaser

De stadier av psykologisk utveckling som du passerar under uppväxtåren; överlevnad, anpassning, differentiering, är inte frivilliga. Varje person upplever dessa stadier av utveckling på sin resa mot fysisk och psykisk mognad. Vad du lär dig under dessa stadier av utveckling, är hur du blir en livskraftig oberoende vuxen i din kulturella omgivning. I dessa stadier av utveckling lär du dig att tillfredsställa dina "bristbehov". Aspekten av din personlighet som växer och utvecklas under dessa stadier av utveckling är egot. När du når sena tjugoårsåldern, kommer ditt ego att vara fullt aktiverat.

Hur väl du behärskar egots utveckling beror till stor del på graden och naturen (positiva eller negativa) av dina föräldrars programmering och de kulturella omständigheter du upplevt som nyfödd, under din barndom och tonårstid. Om du växte upp utan alltför många negativa erfarenheter, utan att bilda några betydande rädslobaserade undermedvetna föreställningar, kommer du att känna en naturlig dragningskraft mot utvecklingstadiet *individualisering*.

Stegen för frigörande av själen

Till skillnad från de tre första stadierna av psykologisk utveckling, kan de vuxna stadierna i din utveckling på sätt och vis sägas vara mer "frivilliga". De har inte så mycket dragningskraft på dig från de biologiska och samhälleliga klassificeringsnormerna för att bli vuxen, som de tre första utvecklingsstadierna. Dessa uttrycks mer som subtila inre känslor som vill ha ut mer av livet och hitta svar på frågor som; Vem är jag? och Varför är jag här? Att anpassa ego-motivationen med själens motivation kan innebära att du måste göra svåra val och ta modiga beslut som kan orsaka ångest, oro eller lidande.

De vuxna stadierna av psykologisk utveckling (stadier för frigörande av själen) börjar i *individualiseringsstadiet*. Utvecklingen av individualiseringsstadiet uppstår oftast runt tjugo- eller trettioårs ålder.

För individuation måste du göra två saker. Först måste du släppa taget om de aspekter i din programmering och ditt inre tillstånd som inte speglar vem du verkligen är. Det vill säga de värderingar och övertygelser du inte tycker är i samklang med din själ. För det andra måste du lära dig släppa medvetna eller omedvetna rädslor som du har kopplade till dina bristbehov. Endast när du har utfört dessa två aktiviteter, kommer du att vara redo att flytta till det *självförverkligande stadiet* i din utveckling.

Om du inte förmår att reparera fel eller brister i din ego-utveckling, såsom hantering av smärtsamma minnen av negativ föräldraprogrammering, eller kulturell programmering under uppväxtåren, kan dessa hålla dig fast i en eller flera av de tre lägre nivåerna av medvetenhet. Om detta sker kan du finna det svårt att gå genom individualiseringsstadiet i din utveckling utan coaching eller terapeutisk hjälp.

Å andra sidan, om du fått fördelen av att gynnas av en högre utbildning, uppfostrats av sjävförverkligade föräldrar i en fri demokrati, samt haft möjligheten att resa runt i världen, så kommer du förmodligen att uppfatta din passage genom individueringsstadiet i utvecklingen till självförverkligandestadiet som relativt okomplicerad. Självförverkligande innebär att fokusera på och utveckla dina medfödda gåvor och talanger, intressen, aktiviteter eller arbete som du brinner för. Så snart du påbörjar din självförverkligande fas, när du bestämmer dig för att växa som människa, så kommer du finna stöd på ett sätt du aldrig tidigare kunnnat förvänta dig. Om du av någon anledning är blockerad eller förhindrad att manifestera dina gåvor eller talanger, så kommer du inte kunna förflyttas vidare till det integrerande eller tjänande stadiet i din utveckling.

Hinder för tillväxt

De största hindren för din tillväxt är den medvetna och undermedvetna rädslan du utvecklat i din ungdom och som hindrar dig från att tillgodose dina bristbehov och rädslan du har för att göra ändringar i ditt liv som kan störa de av dig omsorgsfullt förvaltade beroendeförhållanden vilka du förlitar på för att tillfredsställa dessa bristbehov. Det kan också vara så att du befinner dig i en kultur, familj, organisation, gemenskap eller ett samhälle med en världsbild som aktivt håller tillbaka eller avskräcker från individuering.

Den kulturella världsuppfattning vi lever efter beskrivs i en modell känd som Spiral Dynamics.[3] En diskussion om hur olika världsuppfattningar stödjer eller undertrycker vår psykologiska utveckling återfinns i kapitel 6 i min bok, Evolutionary Coaching, publicerad i 2014.[4] För enkelhetens skull har jag inkluderat slutsatserna i detta kapitel i bilaga 2 i denna bok.

Lever du inte i en fri demokrati, har du inte haft tillgång till en högre utbildning och inte haft möjlighet att resa i världen, finns det en stor risk att du inte heller kommer att känna behov av individuering och att du kommer att ignorera alla krafter du upplever att gå i denna riktning.

Du förblir relativt nöjd med att bo i samma gemenskap och sociala miljö som i din barndom och tonårstid utan att ifrågasätta vem du är på ett djupare plan och följer inte uppmaningar att undersöka ditt liv, din tro eller dina värderingar. Förutom om du upplever ett psykiskt trauma eller depression, som leder dig till frågan om meningen och syftet med ditt liv, först då kommer du känna en ett behov av att fråga dig själv, Vem är jag? och Varför är jag här?

Mäta medvetenhet

Utifrån denna förståelse av de psykologiska utvecklingsstadierna och nivåer av medvetenhet, kan vi dra några preliminära slutsatser om vad "mäta medvetenhet" betyder. För det första innebär "mäta medvethet" att bestämma *vilket skede av psykologisk utveckling du har uppnått*. För det andra innebär det att bestämma *vilka psykologiska utvecklingsstadier du har passerat där du fortfarande har otillfredsställda behov*.

De behov du har i det stadie av utveckling du befinner dig på och de otillfredsställda behov du har från ett stadium av utveckling du har passerat avgör din motivation. Dessa i sin tur kommer att tala om vad du värdesätter och var din medvetenhet är fokuserad. Motivationen i det utvecklingsstadie du har uppnått kommer att vara din primära motivation och motivationen i de steg du har gått igenom, men som du ännu inte behärskar, kommer att utgöra din sekundära motivation.[5]

Om du har någon betydande sekundär motivation som kommer från otillfredsställda bristbehov, så kommer den alltid ha företräde i ditt sinne före din primära motivation. Anledningen till att vår sekundära motivation har företräde är att evolutionen har lärt oss att undermedvetet först undersöka vad som händer i vår yttre miljö genom våra linser av rädsla. Endast när vår säkerhet och trygghet är fastställd kan vi utforska vad som händer i vår yttre miljö efter möjligheter att möta våra andra behov. För en mer detaljerad redogörelse för hur du identifierar din primära och sekundära motivation ber jag dig läsa min bok *Evolutionary Coaching*.

Stadier av psykologisk utveckling

En översikt över de sju stadierna av psykologisk utveckling visas i tabell 1.1 och en mer detaljerad beskrivning av varje steg finns i bilaga 3.

Den första kolumnen i tabell 1.1 identifierar de psykologiska utvecklingsstadierna. Den andra kolumnen visar åldersspannet i vilket varje stadie av psykologisk utveckling börjar bli betydande. Den tredje kolumnen beskriver utvecklingsmässiga aktiviteter som associeras med varje stadie i vår psykologiska utveckling. Den fjärde kolumnen identifierar den motivation som är associerad med varje stadie i vår psykologiska utveckling. Slutligen, den femte kolumnen visar värderingsprioriteringarna i varje skede av vår psykologiska utveckling.

Åldersintervallen i den andra kolumnen är ungefärliga men är allmänt tillämpliga på människor av alla raser, religioner och kulturer. Det är möjligt att påskynda den psykologiska utvecklingen till en viss grad (några år) om du uppfostrats av självförverkligade föräldrar och lever i en kultur med en fri världsuppfattning. Även om det är relativt sällsynt att hitta människor som har påskyndat sin psykologiska utveckling, så kommer det att bli allt vanligare i kommande generationer med fler självförverkligade föräldrar och fler länder som omfamnar de värderingar som återfinns i fria demokratier.

Tabell 1.1: Motivations- och värderings prioriteringar för varje stadie av psykologisk utveckling.

Psykologiska utvecklings- stadier	Ungefärlig ålder för varje utvecklings- stadie	Översikt av uppgiftsfokus i utvecklingen	Motivation (behovskrav)	Värderings- prioriteringar
Tjänande	60+ år	Uppfylla ditt syfte genom omsorg för välfärden, för mänskligheten och / eller planeten.	Tillfredsställa ditt behov av ett liv i tjänst för andra.	Medkänsla, ödmjukhet, framtida generationer, ekologi, social rättvisa.
Integrerande	50-59 år	Samverka med andra som delar samma värden och syfte att skapa en bättre värld.	Tillfredsställa ditt behov av att göra skillnad i världen.	Samarbete, empati, mentorskap, coaching.

Att mäta mänsklig medvetenhet

Själv-förverkligande	40-49 år	Bli mer klar över vem du egentligen är genom att leda ett värderings- och syftesdrivet liv.	Tillfredsställa ditt behov av att finna mening och syfte i livet.	Äkthet, integritet, ärlighet, förtroende, öppenhet.
Individualisera	20 till 39 år	Släppa aspekterna av de villkor som inte längre tjänar dig.	Tillfredsställa ditt behov av frihet och självständighet.	Oberoende, ständigt lärande, anpassnings-förmåga.
Differentiering	8 till 19 år	Särskilja dig genom att hedra dina naturliga färdigheter och talanger.	Tillfredsställa ditt behov av respekt och erkännande.	Prestation, status, ständiga förbättringar.
Anpassning	2 till 8 år	Uppnå trygghet och säkerhet genom att vara lojala med dina vänner och omgivning.	Tillfredsställa ditt behov av kärlek, och tillhörighet.	Tillhörighet, vänskap, harmoni, lojalitet, ritualer.
Överlevnad	Födsel till 2 år	Vara vid liv och fysiskt frisk under bästa möjliga förhållanden.	Tillfredsställa dina fysiologiska behov.	Överlevnad, säkerhet.

De tre lägre utvecklingsstadierna representerar utvecklingen av vårt egos motivation och de övre tre stadierna representerar utvecklingen av vår själs motivation. Individualiseringsstadiet av vår utveckling är där vi börjar anpassa uppfattningar av vårt ego med själens värderingar. Det självförverkligande stadiet är då egot lär sig välkomna själens intressen och passioner.

Vid varje tidpunkt, oavsett vilken ålder du har, återspeglar dina värderingsprioriteringar dina behov. Dina behov är å andra sidan en återspegling av din motivation. Följaktligen, när du växer och utvecklas, kommer dina värderingsprioriteringar att ändras efter dina förändrade behov.

Figur 1.3 visar hur andelen människor som väljer värderingen vänskap som en av sina topptiovärderingar, varierar beroende på ålder i Storbritannien. Vad som är uppenbart, är att yngre människor lägger en högre prioritet på vänskap än äldre människor vilka oftare är gifta och har barn och som är mer benägna att välja ordet familj.

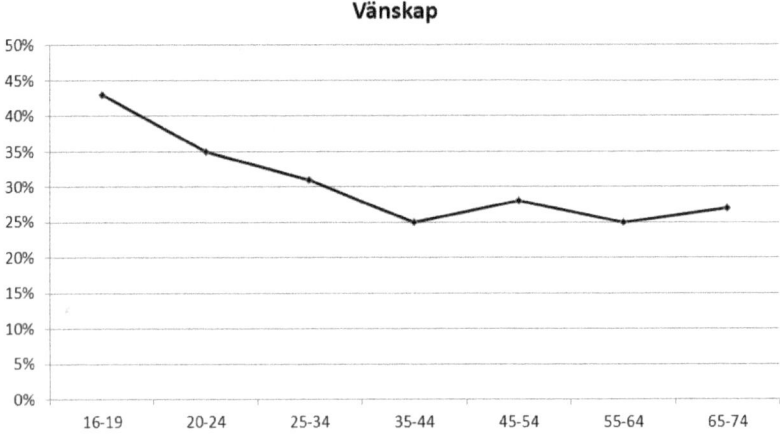

Figur 1.3: Andelen människor som väljer värderingen vänskap i olika åldersintervall.

Egomotivation och själsmotivation

För att förstå hur vi växer och utvecklas vertikalt genom olika stadier av psykologisk utveckling, måste vi förstå mekanismerna som speglar den evolutionära ego-själ dynamiken. Vi behöver få en förståelse för vad egot är och vad dess motivation är, vad själen är och vad dess motivation är.

Ditt ego är ett medvetande som identifierar sig med din kropp, och som anser sig leva i en tredimensionell fysisk verklighet. Egot har två primära mål och tre övergripande behov. Egots mål är att överleva och att skydda sig själv. För att uppnå dessa mål behöver den hålla kroppen vilken den identifierar sig med och som den bryr sig om, säker och trygg (överlevnad). Egot behöver älska och bli älskad för att ha en känsla av tillhörighet (anpassning). Egot behöver vidare få bekräftelse av andra för sin begåving och talang så att det kan känna egenvärde (differentiering). Dessa behov beskrivs i den nedre delen av den fjärde kolumnen i tabell 1.1. När egot har förmågan att tillfredsställa dessa behov känner du dig väl till mods. Energimässigt upplever du en känsla av inre stabilitet. När egot inte upplever att det kan uppfylla dessa behov kan du känna oro, energimässigt upplever du en känsla av inre instabilitet. Din själ är ett medvetet medvetande som identifierar sig med ditt energifält. Den lever i en fyrdimensionell energiverklighet, i ett utrymmes- och tidskontinuum, i den kvantfysiska formen av existens. Einstein var bekant med detta koncept. Han sa en gång:

> *Ickematematikern kan gripas av en mystisk rysning när han hör om fyrdimensionella saker, av en känsla som inte är olik det ockulta. Men det finns inget ovanligt i uttalandet att den värld vi lever i är ett fyrdimensionellt kontinuum.*[6]

Din själ, den du egentligen är, är en individualiserad aspekt av det universella energifältet. Eftersom den vet att den inte kan dö så har själen ingen rädsla. Själen förlorar aldrig medvetandet. När vi dör, återtar själen bara sin uppmärksamhet

Din själ är ett medvetet medvetande som identifierar sig med ditt energifält; Den bor i den fyrdimensionella energin av verkligheten, i ett rums- och tidskontinuum i den kvantfysiska nivån av existens.

från den tredimensionella fysiska världen till den fyrdimensionella världen. Själen lever i den världen även när den synliggör sig i vår tredimensionella fysiska verklighet.

Själen har två primära mål och tre övergripande behov. Målen är att leva ett värderings- och syftesdrivet liv. För att uppnå dessa mål behöver egot anpassas till själens värderingar (individualisering) och syften (självförverkligande). Själen behöver leva sitt syfte genom att samverka med andra för att göra skillnad i världen (integrerande) och leva ett osjälviskt tjänande liv till gagn för mänskligheten och planeten (tjänande). Dessa behov beskrivs i den övre delen av den fjärde kolumnen i tabell 1.1.

Två världar

Ego-sinnets verklighet har sin bas i vad Ervin Laszlo, ungerskamerikansk vetenskapsfilosof, refererar till som M-dimensionen (den observerbara, manifesterade, tredimensionella världen) och själssinnets verklighet är baserad i vad han refererar till som A-dimensionen (icke observerbara, potentiella, fyrdimensionella världen), det Einstein avser med ett fyrdimensionellt kontinuum. A-dimensionen (Akashic dimensionen) är ett universellt fält av information och potential i ständig växelverkan med M-dimensionen.

M-dimensionen och A-dimensionen är relaterade diakroniskt (över tiden) samt synkront (vid en given tidpunkt). Diakroniskt, är A-dimension primär: det är den som är den generativa grunden till partiklar och system av partiklar som framkommer i M-dimension. Synkront, är de genererade partiklarna och systemet för partiklarna (i M-dimensionen) kopplade till A-dimensionen genom dubbelriktade interaktioner.[7]

Även om ego-sinnet härleder sin känsla av existens genom att fokusera sin uppmärksamhet på M-dimensionen (fysisk verklighet), existerar den även i samma energifält som själsinnet i A-dimensionen (energiverklighet).

Ett annat sätt att se på detta är att säga att ditt energifält (din personlighet) innehåller tre sinnen, kropps-sinnet som reglerar de interna systemen i kroppen så att vi kan upprätthålla en inre stabilitet, ego-sinnet och själs-sinnet. Vad som än händer i ditt ego-sinne påverkar avsevärt ditt energifält och påverkar därmed såväl ditt kropps-sinne som ditt själs-sinne. När ditt ego skapar rädslobaserade tankar, kommer du att uppleva en känsla av tyngd, separation och instabilitet. Detta beror på att rädsla har en lågfrekvent vibration, medan kärlek, den energi som utgår genom själen, har en högfrekvent vibration som känns lätt och stabil. Kärleksenergin upplevs sammankopplande i stället för separerande. Om du ständigt arbetar med rädslobaserade tankar kommer du att drabbas av neuroser och kroppen kan bli sjuk.

När rädslobaserade energier från ego-sinnet är i konflikt med kärleksbaserade energier ifrån själssinnet, kommer ditt energifält uppleva en inre instabilitet. Detta upplevs i vårt liv som känslomässig smärta, såsom ångest, stress, ilska, frustration, otålighet, och i vissa situationer där du har samlat på dig dina känslor under lång tid, raseri.

> *När du skiftar plats i din identitet från egot till själen, kommer du att uppleva mindre rädsla i livet och ditt energifält kommer att skifta till högfrekventa vibrationer.*

När du passerar genom individualisering- och självförverkligandestadier och skiftar plats på din identitet, från ditt ego till din själ, kommer du att uppleva mindre rädsla i livet. Ditt energifält kommer gradvis skifta till mer högfrekventa vibrationer. Du kommer att känna dig gladare, nöjdare och mer tillfreds. Du kan även uppleva stunder av ren lycka.

Allt detta betyder att din upplevelse av M-dimensionen bestäms av graden av anpassning av ditt ego-sinne till ditt själs-sinne i A-dimensionen. Mest avgörande är den nivå av rädsla som finns i ego-sinnet och graden av överensstämmelse mellan egots motivation och själens motivation. I takt med att de medvetna och undermedvetna rädslobaserade övertygelserna i ditt ego-sinne minskar, ökar möjligheterna för självsinnet att påverka beslutsfattandet.

Det leder oss till slutsatsen att den "frivilliga" delen av utvecklingsresan mot medvetenhet, den som motsvarar de vuxna stadierna av psykologisk utveckling från individualiserings- till tjänandestadiet, beror på tre villkor:

- Till vilken grad du förmår separera dig från övertygelser du fått av dina föräldrars programmering och av kulturella villkor som inte överensstämmer med din själs värderingar.
- Graden till vilken du förmår behärska ditt egos medvetna och undermedvetna rädslobaserade övertygelser.
- Vilken omfattning ditt självsinne kan leva ett värderings- och syftesdrivet liv i M-dimensionens tredimensionella fysiska verklighet d.v.s. till vilken grad du har möjlighet att omfamna ditt sanna och *unika jag*.[8]

Kropps-sinnet

Kropps-sinnet representerar medvetandet hos atomer, molekyler, celler och organ i kroppen. Syftet med kropps-sinnet är att hålla kroppen i ett tillstånd av inre stabilitet genom att svara på förändringar i dess yttre fysiska miljö. Till exempel när temperaturen stiger, svettas vi. Avdunstningen av vattenmolekyler på huden kyler ner oss. Denna förmåga hos kroppens självreglering kallas "homeostas". Kropps-sinnet, liksom ego-sinnet och själsinnet, ingår i det mänskliga energifältet.

Energifältet

Den del av energifältet som är relaterad till kropps-sinnet är känd som det eteriska fältet, den del av energifältet som är relaterad till egosinnet är känd som det emotionella fältet. Energifältet som är relaterat till själsinnet är känt som det andliga fältet. Det eteriska fältet som omger och och genomsyrar den fysiska kroppen omges av det känslomässiga fältet, vilket i sin tur omges av det andliga fältet. Egosinnets energifält är skilt från själsinnets energifält genom egots mentala fält, som är en saklig och logisk informationsprocessande enhet.[9]

Varje energiområdeslager har olika vibrationsfrekvenser. De lägsta frekvenserna uppstår i det eteriska fältet och de högsta frekvenserna förekommer i det andliga fältet. När våra energifält är feljusterade, elektromagnetisk obalans, känner vi obehag eller oro i våra kroppar.

Det mentala fältet, låt oss kalla detta det rationella sinnet, är tillgängligt för egosinnet och själsinnet, men egosinnet kan bara få tillgång till det mentala fältet när det är lugnt och avslappnat. När det är i ett tillstånd av upphetsning eller spänning (känslor) kan det inte tillgodogöra sig det mentala fältet. Rationaliteten flyger ut genom fönstret när energi relaterad till emotionalitet tar över vårt sinnesutrymme.

På grund av sin närhet till kropps-sinnet (eteriska fältet), har egosinnets vibrationsfrekvenser (emotionella fältet) en direkt påverkan på hur kropps-sinnet fungerar. Vad som än händer i egosinnet känns det omedelbart av i kropps-sinnets energifält. När egosinnet drivs av rädsla reagerar kropps-sinnet genom att släppa ifrån sig kemikalier som förbereder kroppen för kamp eller flykt. När rädslan når ett semipermanent tillstånd, på grund av ångest eller stress, blir produktionen av dessa kemikalier skadliga för hälsan och resulterar så småningom i fysiska skador och sjukdommar.

Att komma tillbaka i balans innebär att ditt elektromagnetiska energifält når ett tillstånd av inre stabilitet. Vi gör detta genom att hitta sätt att justera egosinnets vibrationsfrekvens med själsinnets vibrationsfrekvens. Detta kallas personligt ledarskap eller att leda sig själv. Nyckelkomponenterna i att leda sig själv och ett personligt ledarskapsprogram är att lära sig att hantera sina känslor, att lära sig att praktisera mindfulness och meditation.

När egosinnet är i linje med själsinnet, det vill säga när egot delar samma värderingar, drivkrafter som själen och har låg nivå av rädsla, upplever kroppen en inre stabilitet. Du känner dig frisk, sund och upplever en känsla av ett inre välbefinnande.

Noteringar

1. För mer information gå till www.valuescentre.com.
2. En lista över utvecklingsmodeller, se Ken Wilber, *Integral Psychology: Consciousness, Spirit, Psychology, Therapy* (Boston: Shambhala Publications), 2000, och Dr. Alan Watkins, *Coherence: The Secret Science of Brilliant Leadership* (London: Kogan Page), 2014.
3. Don Beck och Christopher Cowan, *Spiral Dynamics: Mastering Values, Leadership and Change* (Malden: Blackwell Publishing), 1996.
4. Richard Barrett, *Evolutionary Coaching: A Values-Based Approach to Unleashing Human Potential* (London: Fulfilling Books), 2014, sid. 76–88.
5. För full beskrivning av primära och sekundära motivationer och hur man kan identifiera dem, se *Evolutionary Coaching: A Values-based Approach to Unleashing Human Potential* by Richard Barrett.
6. R. W. Clarke, *Einstein: the Life and Times* (New York: World Publishing), 1971, sid. 159.

7. Ervin Laszlo, *The Self-actualizing Cosmos: The Akasha Revolution in Science and Human Consciousness* (Rochester: Inner Traditions), 2014.
8. Marc Gafni, *Your Unique Self: The Radical Path to Personal Enlightenment* (Tucson: Integral Publishers), 2012.
9. Detta är en förenklad förklaring av det mänskliga energifältet. För en mer detaljerad beskrivning se: Barbara Brennan, *Hands of Light: A Guide to Healing Through the Human Energy Field* (New York: Bantam Books), 1987.

2

Förstå medvetenhet

Med denna korta översikt av modellen för Sju nivåer av medvetenhet och egosjälens evolutionära dynamik, är vi nu redo att utforska de två målsättningarna med den här boken:

1. Att förklara teorin bakom modellen för Sju nivåer av medvetenhet.
2. Att visa hur de sju nivåerna kan användas för att mäta medvetenhet hos individer och grupper.

Jag vill fokusera på fyra frågor:

1. Varför är det viktigt att mäta medvetenhet?
2. Vilka egenskaper av medvetenhet är det möjligt att mäta?
3. Vad är medvetenhet och hur utvecklas den?
4. Hur kan man mäta medvetenhet?

I detta kapitel kommer jag att ta itu med de två första frågorna, den tredje frågan i kapitel 3, och den sista frågan i kapitel 4, 5 och 6.

Varför är det viktigt att mäta medvetenhet?

Fördelen med att kunna mäta något är att du då kan hantera det. Mätandet möjliggör för dig att förstå vad du behöver göra och vad du behöver undvika eller sluta med, för att få mer av det du önskar. Genom att mäta kan du se var du befinner dig i förhållande till en skala. Vi är redan bekanta med olika skalor, t.ex. för att följa upp hälsoindikatorer som vikt, blodvärden och hjärtfrekvens.

Det är min övertygelse att skalan för medvetenhet som jag presenterar i den här boken möjliggör för dig att ta reda på:

1. Vilket stadie av psykologisk utveckling du har nått i ditt liv.
2. Vilka stadier av psykologisk utveckling du har passerat men trots det ändå inte helt behärskar.
3. Som en följd av detta, vilka primära och sekundära nivåer av medvetenhet som styr ditt agerande.

Skalan för Sju nivåer av medvetenhet kan dessutom användas för att mäta vilka nivåer av medvetenhet de kulturer du är involverad i agerar utifrån och i vilken utsträckning du är i linje med dessa.

Förhoppningen

Den stora förhoppningen med utvecklingen av ett mått för mänsklig medvetenhet är att utvecklingen av medvetenhet blir medveten, inte bara på individnivå, utan även på organisations, gemenskap och samhällsnivå. Förmågan att mäta medvetenhet ger dig möjlighet, om du vill, att hantera din egen utveckling och evolutionen av de mänskliga gruppstrukturer där du ingår.

> Den stora förhoppningen med att utveckla ett mått för mänsklig medvetenhet är – att utvecklingen av medvetenhet blir medveten.

Det är just detta ledare och organisationer som arbetar med verktygen för kulturell transformation (CTT) gör. De mäter kulturen (medvetenhetsnivåerna) i sina organisationer årligen genom att genomföra en kulturell värderingsmätning. De följer upp sin egen personliga utveckling genom ledarskapsvärderingsmätningar (LVA) och baserat på den feedback de får, gör de personliga och kulturella förändringar som resulterar i en övergripande förbättring såväl av den egna prestationen som organisationens.

Detta syns i efterföljande års utvärderingar i form av antingen en större koncentration av positiva värderingar på en viss nivå av medvetenhet (horisontell tillväxt) eller som en förskjutning av värderingar till högre nivåer av medvetande (vertikal tillväxt).

Grunderna för mätningarna

För att mäta medvetenhet, måste vi göra två saker. Först måste vi utveckla en skala som vi kan mäta mot, en modell för medvetenhet. För det andra måste vi identifiera medvetande-egenskaperna som gör att vi kan avgöra var vi är på den skalan. Först när vi har definierat dessa två, skalan och egenskaperna, har vi ett mätsystem. Detta innebär att vi måste komma fram till en tydlig förståelse för vad medvetenhet är och vilka attribut eller egenskaper som förknippas med tillväxt och tillbakagång i medvetenhet. Med andra ord, vilka är de faktorer som får oss att förflytta oss upp eller ner på medvetenhetsskalan?

Vilka är medvetenhetens mätbara egenskaper?

Låt oss börja vår undersökning av vilka de mätbara medvetande-egenskaperna är genom att titta på några vanliga föreställningar om medvetenhet.

Till att börja med är det allmänt vedertaget att medvetandet utvecklas stegvis. Att utveckla ditt medvetande betyder två saker; *behärskande*, lära sig att verka framgångsrikt i ett visst skede av sin psykologiska utveckling, samt *växande*, förflytta sig från ett stadie av psykologisk utveckling till ett högre stadie. Det finns ett underliggande antagande att om du inte kan behärska förutsättningarna för agerandet på ett stadie, kommer du att finna det svårt att framgångsrikt förflytta dig till nästa högre stadie.

Stadier och nivåer

Innan vi ser på vad högre betyder i termer av medvetande, ska vi först lite mer i detalj undersöka skillnaden mellan stadier och nivåer av medvetande.

Det enklaste sättet jag kan förklara detta är att säga att vi växer i stadier (av psykologisk utveckling), och vi verkar på nivåer (av medvetenhet). I de flesta fall, motsvarar medvetandenivån vi verkar från det stadie av psykologisk utveckling som vi har nått. Här är det lämpligt att upprepa vad jag tidigare berättade om hot- och peakupplevelser. Vi kan tillfälligt växla till att drivas från en av de tre lägre nivåerna av medvetenhet. Det sker till exempel när vi står inför vad vi anser vara en negativ förändring av omständigheterna eller en situation som hotar vår interna stabilitet och externa balans på något sätt (något som utlöser rädsla). Alternativt, när vi har en peakupplevelse, en upplevelse av eufori, harmoni eller samhörighetskänsla av mystisk eller andlig natur kan vi tillfälligt förflytta oss till en högre nivå av medvetenhet.

När hotet eller peakupplevelsen har passerat, återvänder vi vanligtvis till den medvetandenivå som motsvarar det stadium av psykologisk utveckling vi var på innan upplevelsen inträffade. I sällsynta fall kan en peakupplevelse ha en bestående effekt, vilket gör att vi kan förflytta oss till ett högre stadium av psykologisk utveckling och verka från en högre nivå av medvetenhet.

Likaså kan en negativ upplevelse om den är tillräckligt traumatiskt och om den sker i din barndom eller i tonåren, hindra din framtida psykologiska utveckling. Genom täta undermedvetna utlösningar av det traumatiska minnet, blir du fjättrad vid någon av de tre lägre nivåerna av medvetenhet.

Vad betyder högre?

Låt oss återgå till att definiera vad högre innebär i samband med medvetenhet.

Det första kännetecknet för högre medvetenhet som de flesta som studerar medvetenhet är eniga om, är en expanderad känsla av identitet, mer inkluderande, mindre separation, mer samhörighet.

När du intar en mer inkluderande identitet expanderar din känsla av jag till att omfatta andra som delar samma identitet. Vi verkar fortsatt från vårt egenintresse, men det egna jaget som har detta egenintresse har nu en vidgad identitet.

Identitet

När du går från att vara singel till att ha en familj vidgar du din känsla av identitet till att inkludera din make och dina barn. När du hittar ett jobb som du gillar i en organisation där du trivs ökar din känsla av identitet till att inkludera de kollegor du arbetar med (ditt team). När du går in i ledningsgrupper eller i ett ledarskap kan du börja identifiera dig med organisationen. Den som har en religiös övertygelse kan identifiera sig med sin religiösa grupp. När du är en del av en minoritet kan du identifiera dig med de människor som delar ditt arv.

En av de förändringar som sker när vi förflyttar oss till en ny nivå av identitet är att vi börjar bry oss om välbefinnandet hos medlemmarna i gruppen som vi identifierar oss med. När du identifierar dig med din familj, bryr du dig om familjemedlemmarnas välbefinnande. När du identifierar dig med ett arbetslag, bryr du dig om välbefinnandet hos medlemmarna i ditt team. När du identifierar dig med din organisation, bryr du dig om välbefinnandet hos medlemmarna i din organisation. När du identifierar dig med din religion, bryr du dig om välbefinnandet hos människor som delar din tro. När du identifierar dig med din minoritet, bryr du dig om välbefinnandet hos de människor som ser ut som du, klär sig som du eller talar ditt språk. När du identifierar dig med alla på planeten, bryr du dig om välfärd för mänskligheten. När du identifierar dig med planeten, bryr du dig om välbefinnandet hos alla levande arter och deras naturliga miljöer. Varje gång du utökar din känsla av identitet känner du inte bara en ökning av din känsla av samhörighet du expanderar också din självkänsla.

Om du inte lyckas med att bry dig om medlemmarna i de grupper du identifierar dig med (tillhör eller är involverad i) och enbart fokuserar på dina personliga egenintressen, snarare än gruppens intresse, kan du finna dig ignorerad, marginaliserad eller utesluten från gruppens verksamhet. Du kommer att bli alltmer isolerad och känna dig separerad från de omkring dig.

Komplexitet

En annan betydelse vi ofta ger ordet högre i medvetenhetssammanhang är förmågan att fungera i allt mer komplexa existensiella ramverk. När vi går från att vara spädbarn till barn, tonåringar, unga vuxna och vuxna, blir de fysiska och sociala ramarna för vår existens allt större och mer komplexa. För att överleva och frodas framgångsrikt i dessa större och mer komplexa miljöer måste vi utveckla mer komplexa sinnen. Vi måste öka vår bredd av uppfattning (kunskap) och djupuppfattning (förståelse), inte bara för vår omgivning och hur saker fungerar, utan för de människor som är medlemmar i de grupper vi identifierar oss med i de utökade existentiella ramverken.

En del av de naturliga resultaten av att utöka vår känsla av identitet, vara mer inkluderande och utveckla mer komplexa sinnen, är att vi ökar vår mognad. Vi lär oss att hantera tvetydighet och lär oss att tänka i mer långsiktiga tidshorisonter. Vi blir mindre rädda, mer förtroendefulla, mer tillfreds med osäkerhet och mer säkra på vår förmåga att klara av vad livet kastar på oss. Den gradvisa utvecklingen av dessa attribut leder oss naturligt till högre stadier av psykologisk utveckling och nivåer av medvetenhet. Den viktigaste av dessa egenskaper ökar vår känsla av samhörighet och minskar vår känsla av separation. För att uppnå dessa mål behöver du betrakta alla du möter som jämlikar och lära dig att övervinna din rädsla för konflikter.

För mig ger dessa föreställningar om utvecklingen av det mänskliga medvetandet en bra utgångspunkt för att förstå hur medvetandet utvecklats, men de når inte pudelns kärna. Jag tror att om vi verkligen vill förstå vad medvetenhet är och hur den växer, då måste vi göra en djupdykning för att förstå hur medvetandet utvecklats inom vår tredimensionella fysiska ram för tillvaron.

Hur utvecklades medvetenheten?

Enligt forskarna, uppstod allt som finns i vårt universum ur "the big bang" som inträffade för omkring 14 miljarder år sedan.[1] Efter det har det handlat om evolution, såsom utvecklingen av energi till materia, från materia till levande organismer och från levande organismer till varelser. En av dessa varelser, Homo sapiens, försöker nu föra evolutionens stafettpinne vidare till nästa nivå för att göra konceptet mänsklighet greppbart.

När jag säger att allt i universum hade sitt ursprung för 14 miljarder år sedan menar jag bokstavligen allt, inte bara den fysiska världen av atomer, celler och Homo sapiens, men också energivärlden med instinkter, tankar, känslor, övertygelser och värderingar. Faktum är att evolutionen inte skulle ha skett om förmågor vi tillskriver den fysiska hjärnan (datainsamling och informationsbehandling) inte hade utvecklats parallellt med de förmågor vi tillskriver sinnet (meningsskapande och beslutsfattande).

Därför befinner vi oss levandes i två världar; Laszlo's M-dimension, kroppens tredimensionella fysiska värld, den påtagliga delen av vår existens, och Laszlo's A-dimension, sinnets multi-dimensionella energivärld, den immateriella delen av vår existens.

Om Big Bang-teorin är korrekt, innebär det att den fysiska världen uppstått ur energivärlden. Inte nog med att energi föregick materia, vi vet tack vare Einstein, att energi och materia är relaterade (E = mc2). Energi är lika med materia gånger ljusets hastighet i kvadrat. Med andra ord är energi den grundläggande bakgrunden till vårt fysiska universum.

En värld där tid och rum vävs samman i ett enda kontinuum av energi, utmanar inte bara våra fysiska sinnen, utan också våra övertygelser. Vi är så betingade av vår fysiska verklighet att en annan form av verkligheten verkar skrattretande. Men när du förstår innebörden av partikelfysik och kvantteorin, börjar tanken att vi lever i en strikt fysisk värld bli lite vinglig. Modern vetenskap berättar att på kvantnivå av vår existens kan energi existera antingen som elektriskt laddade partiklar eller som vågor av information.

Partikelns verklighet är tredimensionell, den har specifika fysiska egenskaper. Informationsvågens verklighet är fyrdimensionell, den är ett energifält gränslös genom tid och rum. Först i närvaro av en medveten observation kollapsar vågen av information (eller potentialitet) och antar en specifik form.

När det observerande medvetandet är egot, kommer den verklighet vi upplever att vara i linje med egots övertygelser. När det observerande medvetandet är själen, kommer den verklighet vi upplever att vara i linje med själens värderingar. Med andra ord är den fysiska formens tredimensionella värld beroende av sinnets fyrdimensionella värld och av vilken pol (ego eller själ) av medvetande vi identifierar oss med och verkar från.

För att förstå skillnaderna mellan dessa två världar, vår tredimensionella verklighet och vår fyrdimensionella verklighet, kommer jag att föreslå att vi gör ett tankeexperiment. Låt oss undersöka de skillnader som finns mellan en tvådimensionell verklighet och en tredimensionell verklighet. Baserat på resultaten kan vi sedan dra några slutsatser om den möjliga relationen mellan vår tredimensionella fysiska verklighet och vår fyrdimensionella energiverklighet.

Femfingerövningen

Ta ett papper och lägg det på en plan yta. Föreställ dig att det finns en mycket liten person som lever på papprets yta i vad som kallas "Plattland". För den här personen, har världen längd och bredd, men ingen höjd. Med andra ord, den här personen verkar i en värld av tvådimensionell medvetenhet (hon kan inte uppfatta höjd). Så kommer en människa dit med tredimensionell medvetenhet (denna person kan uppfatta höjd) och placerar ena handens fingrar på pappret, på ytan av Plattland.

Tänk dig nu att personen som bor i Plattland är ute på sin vanliga morgonpromenad. När hon passerade denna plats igår märkte hon inget ovanligt. Plötsligt, över en natt, har fem separata cirklar dykt upp (projektionen i det tvådimensionella medvetandet av de fem fingrarna). Den tvådimensionella varelsen mystifieras av utseendet på de fem cirklarna. Hon kallar på sin vän, en tvådimensionell vetenskapsman och ber honom att förklara arten av de fem cirklarna.

När vetenskapsmannen utforskar de fem cirklarna använder han sin tvådimensionella logik.

Hans experiment visar att om han sätter ett tryck på en cirkel, kommer den att flyttas och så småningom tyckas dra andra kretsar med sig (även om fingrarna på handen är separata sitter de ihop, men i en dimension av medvetande, höjd, som den tvådimensionella vetenskapsmannen inte kan uppfatta). Den tvådimensionella vetenskapsmannen upprepar sitt experiment. Han bygger ekvationer för att kontrollera förhållandet mellan cirklarna och innan alltför länge tror han att han vet allt som finns att veta om de fem separata kretsarna. Han publicerar en vetenskaplig artikel om de fem separata cirklarna och kräver ett möte med akademin för tvådimensionella forskare för att visa sin upptäckt. De tvådimensionella vetenskapsmännen upprepar experimentet och får mycket likartade resultat. Alla i den tvådimensionella världen tror nu att de vet allt som finns att veta om de fem separata kretsarna.

Sett ur ett tredimensionellt medvetande vet vi att dessa inte är fem separata kretsar. De är fem sammankopplade kretsar som ingår i en levande organism. De tvådimensionella varelserna är helt omedvetna om denna större bild. De tror att de fem cirklarna är fysiskt åtskilda, men på något sätt kopplade, förmodligen genom någon typ av energikraftfält. De har ingen känsla för kopplingen som finns på en högre dimension av medvetenhet.

Det är exakt samma situation vi befinner oss i när det gäller den fjärde dimensionen av medvetandet. Vi har otaliga upplevelser som tycks osammanhängande, men i verkligheten är kopplade och har sin förklaring i den fjärde eller högre dimensionen av medvetande. Vissa försöker vi förklara med vår tredimensionella logik, såsom områden inom vetenskapen. Vissa är helt enkelt oförklarliga och dessa har vi klassificerat som paranormala, synkronistiska, magiska, religiösa eller mirakulösa upplevelser. Vi använder dessa klassificeringar för att dölja vår okunnighet eftersom vi inte har full förståelse för de kopplingar som finns i de högre dimensionerna av medvetenhet där dessa upplevelser har sitt ursprung.

När vi fokuserar vår medvetenhet uteslutande på den tredje dimensionen fokuserar vi på en värld av symboler och effekter vars ursprung ligger på annat håll. Den genomsnittliga personen som förlitar sig på sina tredimensionella sinnen är omedveten om den större sammankopplingen eller enheten som finns i de högre dimensionerna av medvetenhet.

Låt oss använda en annan analogi. Ta en kam och täck den övre halvan. Vad du ser är de osammanhängande tänderna på kammen. Du ser separation. När du täcker av den övre halvan av kammen kan man se att tänderna är sammanfogade på en högre nivå. Du ser samhörighet, du ser enheten i kammen. I själva verket skulle tänderna på kammen utan en högre nivå av sammankoppling falla sönder och inte kunna uppfylla ett användbart syfte. Det är så vi är som människor. Vad vi uppfattar i vårt tredimensionella medvetande är separata människor (tänder av kammen). När vi höjer vår medvetenhet till ett högre plan av medvetande, kan vi se kopplingen på den energinivån. Vi är alla individualiserade aspekter av samma enade energiområde. Precis som det är svårt att förstå innebörden och syftet med de separata tänderna innan vi är medvetna om att de tillhör en kam är det också svårt för oss att förstå vilka vi är, innan vi blir medvetna om att vi alla är individualiserade aspekter av ett universellt energifält. Själarna är anslutna via våra energifält i den fjärde och högre dimensionen av medvetande.

Detta fält av samhörighet har åberopats av den välkända psykiatrikern och psykoterapeuten, Carl Jung, som det kollektiva omedvetna. Kollektivt eftersom det tillhör oss alla och omedvetet eftersom det inte är direkt tillgängligt via medvetna tankar.

Det finns ytterligare en aspekt som vi bör överväga i samband med femfingerövningen. Precis som de tvådimensionella varelserna upplever fenomenet med "de fem cirklarna" utan att misstänka att cirklarna kontrollerades av en tredimensionell varelses tankar, så är vi, i vår tredimensionella värld, omedvetna om kontrollen som våra själar utövar i våra liv från den fjärde dimensionen av medvetandet.

Vad som verkar vara en slump av händelser eller slumpartade möten kan bero på målmedvetna kopplingar som inträffar mellan själar på en högre dimension av medvetande, som vi helt enkelt är omedvetna om. Dessa beskrivs vanligen som händelser i synkronicitet. Jag föredrar att kalla dem själsanvisningar.

Carl Jung beskrev synkronicitet som "osammanhängande händelser med en gemensam innebörd". Enligt min erfarenhet kommer man nästan alltid, om man gräver djupt nog, finna att vad som tycks som slumpmässiga händelser och möten har en mening som på något sätt främjar själens syfte. Det är som om dessa upplevelser är meddelanden från våra själar från den fjärde dimensionen av medvetande och utformade, inte bara för att få vår uppmärksamhet, utan också för att förmedla viktiga budskap till oss om att vidta någon form av åtgärd i vårt tredimensionella plan av existens.

Våra sinnens begränsningar

Varför är vi inte mer medvetna om vår fyrdimensionella energiverklighet? Svaret är enkelt. Vi är inte medvetna om den på grund av begränsningarna i våra fysiska sinnen. Precis som varelsen som lever i en tvådimensionell medvetenhet inte kan känna höjd, kan vi som tredimensionella varelser bara ha en vag medvetenhet om själens fyrdimensionella energivärld.

Vi har fem fysiska sinnen som vi använder för att informera oss om vad som händer i den fysiska världen omkring oss. Allt vi personligen kan förstå om den fysiska världen upplevs genom dessa sinnen. Men de mänskliga fysiska sinnena är oerhört begränsade i fråga om frekvenser av vibrationer som vi kan känna. De är följaktligen i strid med mycket av vad vetenskapen säger oss. Det finns mängder av ljud som vi inte kan höra och mängder av strålning som vi inte kan se eller känna. Det är som om vi är fångade i en kropp som bara tillåter oss att uppleva en mycket liten del av verkligheten, den tredimensionella världen av fysiska former.

Sanningen är att vi lever i en flerdimensionell energivärld, men på grund av begränsningar i våra sinnen, uppfattar vi bara tre av dessa dimensioner. Vi kan konstatera att *tredimensionalitet och fysisk form inte är egenskaper i världen, utan egenskaper i våra sinnen.* Allt i vårt fysiska universum består av materia och finns samtidigt inom ett energifält som är "osynligt" för våra fysiska sinnen.[2]

Richard Barrett

Evolutionens universella stadier

Evolutionen började med energi som växte samman till partiklar som blev livskraftiga och självständiga i sin fysiska ram för tillvaro. Dessa partiklar band sig sedan samman för att bilda protoner, neutroner och elektroner som "samarbetade" med varandra för att bilda atomer. Från denna stabila plattform började livet på jorden: atomer lärde sig att bli livskraftiga och oberoende inom ramen för sin existens och sedan koppla sig samman till molekyler, som samarbetade med varandra för att bilda komplexa molekyler och celler.

När cellerna hade lärt sig att bli livskraftiga och oberoende inom sitt ramverk för tillvaro, det vill säga hantera sin interna stabilitet och externa balans, gick de samman med varandra för att bilda organismer. Organismerna samarbetade med varandra för att bilda komplexa organismer och varelser (se tabell 2.1).

Tabell 2.1: Tre universella stadier av evolution.

Plan av varande	Underplan
Varelser (Homo sapiens)	Regionala grupper och globala grupperingar
	Klaner, stammar, städer, nationer
	Människor
Cellplan (eukaryotacell)	Komplexa organismer
	Organismer
	Celler
Atomplan (Kolatom)	Komplexa molekyler
	Molekyler
	Atomer
Energiplan	Kvantumverklighet

En av dessa varelser, Homo Sapiens, lär sig nu att bli livskraftig och oberoende (hantera sin interna stabilitet och externa balans) inom sin existensram, samt hur man kopplar sig samman med andra medlemmar av arten för att bilda familjer, stammar, städer och nationer. Nationer lär sig att samarbeta med varandra för att skapa

övergripande regionala enheter såsom Europeiska Unionen och globala enheter såsom Förenta Nationerna.
I tabell 2.1 kan vi se att varje plan för varande kan delas in i tre underplan differentierade genom sin omfattning och komplexitet. Underplan ett, att vara en enskild enhet. Underplan två, att vara del av en strukturell grupp. Underplan tre, att vara en del av gruppstrukturer vilka utvecklas till att bli en större enhet och startpunkten för nästa plan av att vara. Jag kallar detta evolutionär progression "de tre universella stadierna av evolutionen".

I denna evolutionära progression ser vi, både i det övergripande schemat och på varje plan av varande, egenskaper som är karakteristiska för allt högre nivåer av medvetande. Vi ser en ökning eller expansion av identitetskänsla (integrering) av enheten, en ökning i storlek och komplexitet av enhetens ramverk för tillvaro vilken kräver en motsvarande ökning av komplexiteten i enhetens sinne. För att evolutionen ska ha kunnat gå framåt, behövde enheterna och gruppstrukturerna på ett plan ge en stabil plattform för enheterna och gruppstrukturerna på nästa plan av varande.

För att förstå hur och varför de olika enheterna och deras gruppstrukturer inom varje plan av varande beslutade sig för att dela en gemensam identitet, behöver vi ta en närmare titt på orsakssambandet som leder till de tre universella utvecklingsstadierna.

Stadie 1: Att bli livskraftig och oberoende

För att överleva, måste de grundläggande enheterna i varje plan för varande (partiklar, atomer, celler och varelser) lära sig att bli livskraftiga och oberoende (kunna upprätthålla intern stabilitet och extern balans) inom sina ramar för existens. Om en enhet inte kan lära sig detta kommer det att snabbt förgås (upphör att existera i den fysiska världen och upplösas i sina beståndsdelar på ett lägre plan av varande). Ytterst återgår allt genom denna process tillbaka till energi.

Stadie 2: Sammankoppling till en gruppstruktur

När ramvillkoren för enheterna blir mer komplexa och livshotande[3] svarar de an genom att koppla sig samman med andra livskraftiga, oberoende enheter för att dela resurser och bildar mer motståndskraftiga strukturer med en gemensam känsla av identitet.

För att detta ska ske, måste de enheter som ingår i en gruppstruktur lära sig att knyta an till varandra så att de kan arbeta tillsammans för det gemensamt goda. Med andra ord, enskilda enheter behöver expandera sin identitetskänsla att inkludera andra enheter i gruppstrukturen.

När enheterna har knutit an, utvecklat en hög grad av inre sammanhållning genom att öka sin kapacitet för gemensamt beslutstagande och en gruppstruktur har bildats med en egen känsla av identitet, beror gruppstrukturens förmåga att överleva och blomstra på förmågan hos enheterna som bildar gruppstrukturen att dela resurser och arbeta tillsammans för allas bästa.

Enheter som inte sätter behoven av gruppstrukturen före sina egna behov (t.ex. cancerceller) hotar överlevnaden av gruppen. De hotar även sin egen överlevnad och den potentiella överlevnaden av varje enhet som är en del av gruppen. Med andra ord, när enskilda enheter i en gruppstruktur fokuserar för mycket på sitt "egenintresse" snarare än det gemensamt goda, när de känner en känsla av separation, hotas koncernstrukturens livskraft.

Det är därför vi har regler och lagar i vår mänskliga sociala värld. Reglerna och lagarna ger ett ramverk för godtagbara beteenden som gör att mänskliga gruppstrukturer kan skapa intern stabilitet. Utan en allmän acceptans av dessa regler, lagar och en utökad känsla av identitet, skulle våra familjer, organisationer, samhällen och nationer sänkas ner i ett tillstånd av kaos.

När enskilda enheter fokuserar på sitt egenintresse snarare än på gruppstrukturens intressen, skapas interna spänningar som leder till kulturell entropi. Kulturell entropi är nivån av oordning eller dysfunktion som inträffar inom en mänsklig gruppstruktur på grund av en brist på intern samstämmighet. När kulturell entropi (egenintresse hos de enheter som ingår i koncernstrukturen) når en hög nivå, kommer gruppstrukturen att brytas ned i sina beståndsdelar och upphöra att existera.

Stadie 3: Samarbetande för att bilda en enhet av en högre ordning

När ramvillkoren för en gruppstruktur blir mer komplexa och "livshotande", svarar de genom att samarbeta med andra gruppstrukturer för att dela resurser och skapa en enhet av högre ordning (en utvidgad gruppstruktur), vilken är mer motståndskraftig än någon av de ingående gruppstrukturerna är på egen hand.

För att detta ska ske måste varje enhet och varje grupp i en större gruppstruktur dela resurser och arbeta tillsammans för det gemensamt goda. De måste förflytta sig till en högre nivå av medvetenhet. När gruppstrukturerna som bildar en enhet av högre ordning fokuserar för mycket på sina egna egenintressen snarare än det gemensamt goda, eller när de misslyckas med förflyttningen till en högre nivå av medvetenhet äventyras livskraften hos densamma.

När en utvidgad gruppstruktur har bildats och utvecklat en stark nivå av intern samstämmighet och kapacitet för enhetligt beslutsfattande, beror de ingående gruppstrukturernas förmåga att överleva och frodas på förmågan hos den större enhetens förmåga att överleva och frodas. Detta gäller på alla plan för varande.

Förmågan hos en cell som är en del av ett organ att trivas och frodas, beror på förmågan att överleva och frodas hos det organ som den är en del av. Likaså beror förmågan hos en människa att överleva och blomstra på förmågan av de gruppstrukturer hon är en del av (klan, stam, organisation, samhälle eller nation) att överleva och frodas. Det är därför identiteten är så viktig för överlevnad. Om du identifierar dig med din klan, stam, organisation, samhälle eller nation, kommer medlemmarna i dessa grupper inte bara bry sig om dig, de kommer också att dela sina resurser med dig.

Individer och gruppstrukturer som inte sätter den högre enhetens behov före sina egna, eller misslyckas med att anta en expanderad identitet, hotar den högre enhetens/utvidgade gruppstrukturers överlevnad. De hotar också överlevnaden för de gruppstrukturer de tillhör. Med andra ord, när enskilda gruppstrukturer i en enhet av högre ordning fokuserar för mycket på sina egna egenintressen snarare än det gemensamt goda för enheten av högre ordning, kommer livskraften hos enheten av högre ordning att äventyras.

Baserat på de universella utvecklingsstadierna kan vi tydligt se att *anknytning och samarbete är evolutionära imperativ*. Utan dem kunde evolutionen inte ha skett och högre former av medvetenhet (identitet) skulle inte ha varit möjlig.

Med andra ord, fortskrider evolutionen inte genom de enheter som blir starkast, utan genom de som blir mest inkluderande och stabila. Det är en klar evolutionär fördel att kunna expandera sitt medvetande (självkänsla eller självidentitet) till att inkludera andra; med andra ord, det finns en evolutionär fördel i att avancera sin psykologiska utveckling.

Denna idé stöds av den senaste vetenskapliga forskningen. Genom att använda spelteori, fann två evolutionsbiologiforskare att "evolutionen kommer att straffa dig om du är självisk och elak". För en kort tid och gentemot en specifik uppsättning av motståndare kan vissa själviska organismer vinna. Men själviskhet är inte evolutionärt hållbar. [4]

Denna upptäckt har betydande konsekvenser för vår personliga psykologiska evolution och artens kulturella evolution. Om vi vill utvecklas är det oerhört viktigt att vi lär oss att knyta an och samarbeta med andra, inte bara i svåra tider, utan även i goda tider. För att överleva och blomstra, måste vi fokusera på de gruppstrukturer där vi har gemensamma intressen i stället för på egenintressen. Baserat på teorin om de universella utvecklingsstadierna kan vi dra slutsatsen att evolutionen bara kommer att fortsätta utvecklas om vi, medlemmarna i de arter som kallas Homo sapiens, kan lära oss att knyta an till varandra för att skapa mänskliga gruppstrukturer som samarbetar med varandra för att lösa mänsklighetens problem.

Detta leder oss till den grundläggande frågan: "Varför är vissa enheter kapabla att knyta an och samarbeta lättare än andra?" Om vi kan hitta svaret på denna fråga kommer vi inte bara att kunna identifiera de egenskaper som gör evolutionen möjlig, utan även de egenskaper som möjliggör att medvetandet kan expandera.

> *Evolutionen kommer bara fortsätta att utvecklas om vi kan lära oss att knyta an med varandra för att skapa mänskliga gruppstrukturer som samarbetar med varandra för att lösa mänsklighetens problem.*

Egenskaper av medvetenhet som gör evolution möjlig

Bland alla de olika enheterna som fanns vid varje plan av varande, fanns det bara en enhet som kunde bilda en stabil fysisk och energiplattform (startpunkt) för nästa steg i evolutionen. Vid det atomära planet, var det *kolatomen*. På cellplanet, var det *eukaryota cellen*. Nu i varelsernas plan av varande, är det *Homo sapiens*.

Om du ställer dig frågan "Vilka egenskaper hos dessa specifika enheter (kolatomen, eukaryot cellen och Homo sapiens) gjorde det möjligt för dem att bli en plattform för nästa steg i evolutionen?", kommer du att börja se ett mönster växa fram. Svaret på frågan är helt enkelt *förmågan att knyta an och samarbeta*.

Kolatomen

Kolatomen är en av de mest stabila enheterna eftersom den har fyra elektroner tillgängliga för kovalent bindning. Kovalent bindning är den starkaste formen av kemisk bindning. Det innebär *delning* av elektroner (resurser) mellan par av atomer.

På grund av den stabilitet som ges genom denna typ av strukturell bindning, kan kol bilda varaktiga komplexa molekyler med många olika inslag. Följaktligen är kol det näst vanligaste ämnet i kroppen efter syre och det fjärde vanligaste grundämnet i universum efter väte, helium och syre. Det finns fler föreningar av kol än alla andra föreningar tillsammans. Kolatomer bildar den kemiska grunden för nästan alla former av liv som människan känner till.

Eukaryotacellen

Den *eukaryota cellen* skiljer sig från sin evolutionära föregångare, den prokaryota cellen, inte bara för att den är större, utan på grund av dess interna struktur och förmåga att bilda samhällen av gemensam medvetenhet. Till skillnad från den prokaryota cellen, som har sina organeller i cellmembranet, har den eukaryota cellen sina organeller (varje organell är en specialiserad prokaryot cell) i det inre av cellen. Detta möjliggör för cellmembranet hos den eukaryota cellen att växa i storlek och utveckla mer sofistikerade kommunikationssystem än den prokaryota cellen. Följaktligen kan den eukaryota cellen knyta an och samarbeta med andra eukaryota celler för att bilda organismer och specialiserade fysiologiska strukturer såsom muskler, ben och organ. Eukaryota celler är den cellulära basen för allt liv eftersom de har förmåga att kommunicera med varandra.

Homo sapiens

Homo sapiens är potentiellt den tredje länken i evolutionens kedja eftersom den har en större benägenhet att knyta an och samarbeta än någon annan varelse. Inte nog med att vi har det mest sofistikerade kommunikationssystemet (språk), vi har även möjlighet att organisera oss i samhällen med gemensam identitet och gemensamma intressen.

För att överleva och frodas i vår globalt sammanlänkade värld måste vi övergå från att fokusera på vårt egenintresse, till att fokusera på intressena hos de gruppstrukturer vi tillhör. Våra gruppstrukturerer måste skifta från att fokusera på sina egenintressen, till att fokusera på intressena för de gruppstrukturer av en högre ordning som representerar vår gemensamma mänsklighet.

Detta budskap är mycket viktigt för oss alla vid den här tidpunkten i historien, särskilt för våra ledare eftersom de problem vi står inför i tillvaron är globala. Men, strukturerna för de styrelseformer vi har för att hantera dem är främst nationella. Vi kommer bara att kunna utvecklas om vi ställer vårt egenintresse åt sidan och ägnar mer uppmärksamhet åt vårt gemensamma intresse. Med andra ord, fokuserar på de värderingar som främjar anknytande och samarbete.

Notes

[1.] Det finns andra teorier om hur vår värld bildats. T.ex. Laszlo's teori som nämnts tidigare, många av dem bygger på två världar: en uppenbart fysisk värld och en energisk värld av emergenta potentialer.

2. Artikel av Richard Conn Henry, *The Mental Universe*, Nature (Vol. 436) 7 July 2005.
3. Med livshotande menas utmanande av enhetens eller gruppstrukturens förmåga att upprätthålla sin interna stabilitet och externa balans.
4. Artikel, Nature Communications, *Evolutionary instability in zero-determinant strategies demonstrates that winning is not everything,* by Christophe Adami and Arend Hintze, published 1 August 2013.

3

Definiera medvetenhet

Nu har vi en klarare uppfattning av de mekanismer som driver utvecklingen av medvetandet. Att bli livskraftig, självständig och gå samman för att bilda gruppstrukturer: Samarbeta för att skapa en högre entitet och dess förhållande till identitet, sammanhållning och integration. Låt oss nu ta itu med utmaningen med att definiera medvetandet.

För att evolutionen skall ha utvecklats från energiplanet hela vägen till planet för varelser och uppkomsten av Homo sapiens, så har varje enhet och varje gruppstruktur i kedjan av evolutionen utvecklas på ett sätt som upprätthåller dess inre stabilitet och externa balans i sin form av existens. Med andra ord, de har hittat sätt att bli livskraftiga och oberoende under sina normala förhållanden (hantera inre stabilitet och extern balans). Utan denna förmåga, skulle enheterna och gruppstrukturerna inte ha överlevt, de skulle inte ha blivit stabila plattformar för nästa plan att bygga vidare på.

Detta innebär att varje enhet och gruppstruktur på varje plan av varande var tvugna att kunna känna av förändringarna i sin miljö och avgöra om förändringarna hotade dess överlevnad. Och, om det var så, vidta någon form av åtgärd för att anpassa sig till dessa förändringar eller, om förändringarna var alltför hotande, dra sig undan.

Om en enhet eller gruppstruktur inte kunde anpassa sig eller dra sig undan, var det enda alternativet kvar (i vår tredimensionella fysiska värld) för överlevnad att förbinda sig eller samarbeta med andra enheter eller gruppstrukturer för att dela tillgångar i tillfälliga eller permanenta allianser och därmed öka sin kollektiva motståndskraft. Med andra ord gynnar utvecklingen de enheter som är:

1. Anpassningsbara i termer av identitet.
2. Kan koppla sig samman och/eller samarbeta med andra enheter i syfte att dela på tillgångar.

Utan att ha någon form av medvetande (medvetenhet) och förmåga (sinne för) att besluta hur man ska reagera på förändringar i omgivningen, skulle inte enheter på något plan ha kunnat vidta de åtgärder som krävdes för att bevara sin inre stabilitet när förändringarna skett i deras externa miljöer. Antonio Damasio, författare och internationellt känd professor i neurologi, beskriver det på detta sätt: *homeostas är nyckeln till medvetenhetens biologi.*[1] med andra ord, medvetande är den mekanism som gör att levande enheter kan upprätthålla sin inre stabilitet.

Vad jag säger sträcker sig längre än Damasios uttalande. Begreppet homeostas stannar inte vid den biologiska nivån. Det går hela vägen ner till atomnivå till energiområdet. *Ergo*, homeostas och medvetande är intimt sammankopplade. Utan någon form av medvetande, homeostas (förmåga att upprätthålla inre stabilitet i en föränderlig yttre miljö), vore det inte bara omöjligt på det cellulära planet av varande utan också på atomplanet för varandet. Med andra ord, bortom självreflekterat mänskligt medvetande (vad Damasio kallar för utökad medvetenhet) finns det andra former av medvetande (vad Damasio kallar kärnmedvetenhet), medvetenheten hos celler och deras gruppstrukturerar, såväl som medvetenheten hos atomer och deras gruppstrukturer.

Utifrån detta kan vi definiera kärnmedvetenhet som *medvetande med ett syfte* och det primära syftet med kärnmedvetenhet är *att stödja en person eller gruppstruktur att bibehålla eller förbättra dess inre stabilitet och externa balans så de kan finnas i vår tredimensionella fysiska verklighet*. Detta gäller alla enheter och alla gruppstrukturer på alla plan av varande.

Det innebär därmed att det primära syftet med ett *utökat* medvetande *är att stödja mänskliga individer eller gruppstrukturer i* att upprätthålla deras inre stabilitet och externa balans på det stadiet av psykologisk utveckling de har nått och i de stadier av utveckling de har passerat men där de fortfarande har otillfredsställda behov. I slutändan, när man inser att allt i vår tredimensionella fysiska värld är beroende av sin existens i vår fyradimensionella energivärld, kan vi säga att syftet med medvetande *såväl* kärnmedvetande som utökad medvetenhet, *är att stödja en person eller gruppstruktur i att upprätthålla eller förbättra intern stabilit och extern balans i dess energifält genom att tillfredsställa behoven hos enheten i det stadie av psykologisk utveckling den har nått och enhetens behov i stadier av psykologisk utveckling det har passerat genom men ännu inte behärskar.*

Varje gång vi skiftar till ett nytt stadie av psykologisk utveckling, måste vi återigen börja lära oss hantera vår inre stabilitet och externa balans inom ramen för den nya mer komplexa formen av existens. Det är först när du lyckats med att lära dig hur du hanterar din inre stabilitet och externa balans i varje skede av psykologisk utveckling kan du anses vara en fullspektrumindivid.

Sinne och medvetenhet

Det finns två huvudsakliga slutsatser som kan dras från de tidigare rapporterna. För det första, överallt där du har en enhet eller gruppstruktur som försöker upprätthålla sin inre stabilitet och externa balans, har du ett medvetande. För det andra, överallt där du har ett medvetande har du ett sinne. Sinnet och medvetandet är synonymt eftersom medvetandet är en egenskap hos sinnet. Det kan inte finnas något medvetande utan ett sinne.

Medvetenheten behöver ett sinne för att fatta beslut som leder till beteenden vilka aktiverar enheten att upprätthålla sin inre stabilitet och externa balans inför hot. Sinnet behöver medvetandet för att identifiera såväl hot mot dess existens som möjligheter att blomstra. Det i sin tur ökar den inre stabiliteten och den externa jämvikten så att enheten blir mer motståndskraftig (skickligare på att hantera hot och tillgodose sina behov).

Hur sinnet beslutar vilka åtgärder det vidtar för att vara närvarande (levande) i vår tredimensionella fysiska värld beror på vilket plan av varande det befinner sig på och dess förmåga att lagra "minnen", som har varit framgångsrika i det förflutna, för hur den ska reagera eller svara på förändringar i omgivningen.

På fysisk, eller kroppslig, nivå använder vi minnen som lagrats i våra DNA-molekylers energifält för att hjälpa oss att överleva. DNA-kodade reaktioner (instinkter) fungerar som övertygelser. Till exempel, om en sammansättning av kropp/sinne/hjärna noterar ett informationsmönster (energisignatur) av en händelse eller situation märkt "a"i sitt medvetande, kommer den att svara genom att göra "x". Om den i sitt medvetande noterar en händelse med en energisignatur märkt "b", kommer den att svara genom att göra "y". "X" och "y" representerar i det här fallet minnen som genererar känslor och handlingar vilka enheten (arten) baserat på tidigare arters erfarenheter, är övertygad om kommer att ge den bästa möjligheten att behålla eller förbättra dess inre stabilitet och externa balans när den stöter på händelserna "a" eller "b".

På individuell mänsklig nivå, har vi förutom våra artminnen också självbiografiska minnen som hjälper oss att överleva. Dessa minnen fungerar på exakt samma sätt som våra artminnen. Om vi märker att ett inkommande informationsmönster påminner oss om hot mot vår inre stabilitet eller externa balans vi upplevt tidigare, kommer vi att reagera på det sätt som vid det tidigare tillfället gav oss den bästa chansen att behålla eller förbättra vår inre stabilitet och externa balans.

Syftet med medvetenhet

Baserat på detta kan vi dra följande slutsatser:

1. Det primära syftet med medvetenhet är överlevnad, att behålla varandet i den tredimensionella fysiska världen.
2. För att medvetandet skall uppfylla detta syfte måste det vara associerat med en tanke som är (a) medveten och (b) har känsla av egen identitet.

Sinnets energifält måste kunna skilja på vad som är "jag" och "inte jag", liksom vad som är internt och externt, om det ska koppla sig samman för att bilda en gruppstruktur. Sedan måste det kunna anpassa sin känsla av "jag" och "inte jag" (dess identitet) till att inkludera även andra enheter som det vill kopplas samman med.

Vad vi lär oss genom att studera de olika planen av varande som omfattar den mänskliga kroppen är att begreppet identitet är utbyggbart. Atomer, molekyler, celler och organ har en känsla av vad som är internt och externt. De vet hur de kan behålla sin interna stabilitet och externa balans. Samtidigt har de förmåga att anta en högre grad av identitet, det vill säga kroppens identitet i syfte att överleva. Med andra ord, liksom människor, har de flera identiteter. De upprätthåller en intern stabilitet genom att identifiera sig med sig själva. De behåller extern balans genom att identifiera sig med andra liknande och större enheter. För att göra detta måste alla inblandade delar ha ett gemensamt syfte.

> Om energifälten (sinnen) i atomer, molekyler, celler och organ i våra kroppar inte delade ett gemensamt syfte (att överleva) med identiteten (kroppen), skulle de inte kunna arbeta tillsammans för det gemensamt bästa inom samma energifält.

Om atomernas, molekylernas, cellernas och organen i våra kroppars energifält (sinnen), inte delade ett gemensamt syfte (överleva) och identitet (kroppen), skulle de inte kunna samarbeta för det gemensamt bästa inom samma energifält. Celler som känner separation slutar arbeta för det gemensamt goda. De fokuserar på sitt egenintresse och konkurrerar om resurser, dessa kallas cancerceller.

Studier har visat att ett betydande antal cancerpatienter lider av olöst ilska mot andra människor, ett sinnestillstånd som skapar en känsla av separation. Detta antyder att de flesta cancersjukdomarna startar i sinnet innan det manifesteras i kroppen. Separation är motsatsen till sammankopplande och samarbete, därför skapar det ett sätt att vara som inte är evolutionärt hållbart.

Baserat på ovanstående kan vi konstatera att varje byggsten i den mänskliga kroppen är medveten. Hela vägen från organ till celler, till molekyler, till atomer och deras partiklar. Även när vi är omedvetna eller sover är kroppen medveten. Den är ständigt självreglerande baserat på den feedback den tar in från den yttre miljön.

Om kroppsinnet av någon anledning (t.ex. p.g.a. att förhållandena i dess fysiska miljö går utanför gränserna av vad det kan hantera) är oförmöget att självreglera så signalerar den sin nöd till oss, som är den högre enheten vilken den tjänar och identifierar sig med, genom smärta eller obehag. Smärtan eller obehaget vi känner börjar i kroppssinnets energifält och upplevs i personlighets-sinnets energifält. När vi får en sådan signal, försöker vi lindra smärtan eller ångesten i kropps-sinnet genom att vidta åtgärder som kropps-sinnet inte kan göra utan vårt samarbete. Till exempel om kroppen blir för varm, får kropps-sinnet oss att svettas. Det är känslan av obehag som signalerar till oss att vi bör hitta sätt att svalka oss och öka vårt intag av vätskor.

Ego-sinnet

Om vi antar för en stund att vår fullständiga potential finns inom vår själs kvantfysiska energifält - vår sanna identitet och den aspekt av vår varelse som överlever den kroppsliga döden och förblir evigt medveten. Då kan vi ställa oss frågan, vad är det som hindrar oss från att förverkliga och ge uttryck för den fullständiga potentialen? Svaret är ganska enkelt, det som hindrar oss är vårt egos övertygelser särskilt de rädslostyrda övertygelserna. När vi låter dessa övertygelser styra vårt beslutsfattande väljer vi säkerhet framför personligt växande och begränsar själens potential.

Abraham Maslow uttrycker det på det här sättet:

> Vi kan betrakta processen för sunt växande att vara en aldrig sinande rad av fria valsituationer, som konfronterar varje individ i varje tillfälle under hela hens liv, där hen måste välja mellan säkerhet och personligt växande, beroende och självständighet, regression eller progression, samt omognad och mognad.[2]

Ego-sinnet är aspekten av din personlighet som har villkorats, att genom erfarenheter identifiera sig med en mänsklig kropp och dess tredimensionella uppfattning att leva i en fysisk värld. Egot kommer att göra allt i sin makt för att skydda kroppens fysiska integritet. Den tror på knapphet och anser att livet är ett nollsummespel. Jag vinner och du förlorar eller du vinner och jag förlorar. Följaktligen omfamnar egot lätt begreppet egenintresse och behovet av att tävla om tillgångarna.

Eftersom jaget identifierar sig med kroppen, tror det på döden. Egot anser att när kroppen dör kommer den inte längre att finnas. Följaktligen är medvetenheten hos ego-sinnet, som medvetandet hos kropps-sinnet, ständigt fokuserat på att överlevna, säkerhet och skydd. Att finna sätt att upprätthålla sin inre stabilitet och externa balans.

Egot är helt upptagen av att göra det bästa av sin tredimensionella existens. Man vill inte bara överleva, man vill också frodas. Blomstrande för ego-sinnet innebär att hitta sätt att ackumulera mer materiella resurser, få mer kärlek och få större erkännande. När dessa behov tillfredsställs känner ego-sinnet glädje. Egot är omedveten om sin verklighet i den kvantfysiska energin och om själen.

De som har dödförklarats kliniskt och har kommit tillbaka till livet (tredimensionell fysisk medvetenhet) kan intyga detta faktum. Under deras "dödserfarenhet" upplevde de inte en förlust av medvetandet. De upplevde helt enkelt en annan verklighet. Många människor berättar om erfarenheter där de lämnar sin kropp och inte längre är beroende av deras normala tredimensionella fysiska föreställningar (sinnena).

Jag tror är att de upplevde själens energifält eftersom de i det tillståndet släpper taget om ego-sinnets och kropp-sinnets energifält. Sådana erfarenheter övertygar dem inte bara att de inte dör, de tar även bort deras egos rädslor för att inte överleva. Detta kan resultera i ett permanent skifte till ett högre stadie av psykologisk utveckling och en högre nivå av medvetenhet.

Själens sinne

Din själ är anledningen till att du existerar i den tredimensionella fysiska verkligheten. Ditt själs-sinne är ett medvetande som finns i energisfären av verklighetens fjärde dimension, bortom tid och rum i det kvantumelektromagnetiska energifältet. Din själ är en individualiserad aspekt i det universella energifält från vilket allt som finns i vår fysiska värld härleder sin existens från. Med andra ord är själs-sinnet den aspekt av din personlighet som identifierar sig med det mänskliga energifältet. Ego-sinnet är aspekten av din personlighet som identifierar sig med den mänskliga kroppen.

Själen lever i överflöd och tillräcklighet. Den är tillfreds med osäkerhet och frodas med förändring. Eftersom den består av den grundläggande energin av existens (anden), kan den inte skapas eller förstöras och den kan inte förlora medvetandet. Vid döden fortsätter din själs medvetande. Ditt själsinnes energifält släpper kropps-sinnet och ego-sinnet så att det kan vara fullt närvarande i en högre dimension av verkligheten.

Din själ projicerar sig själv in i din fysiska kropp strax efter befruktningen. Den genomsyrar varje atom och cell i din kropp med viljan att överleva. Vi kan säga att *viljan att överleva*, som finns i varje levande varelses kropps-sinne, tillsammans med ego-sinnet i varje människa, *är själens vilja att existera i fysisk form i vår tredimensionella verklighet*.

> Viljan att överleva är själens vilja att existera i fysisk form i vår tredimensionella

Anledningen till att din själ inkarnerat sig i din kropp är för att tillföra den själsliga upplevevelsen av varandet till den tredimensionella fysiska verkligheten. För att uppnå detta mål har din själ två strategiska mål vilka ditt ego kan välja att anpassa sig till eller inte. Det första är att leva ett värderingsdrivet liv och det andra är att leva ett syftesdrivet liv.

Själen kan inte uppfylla sina mål om inte ditt ego kan anpassa sig energimässigt till själen. Det innebär att flytta känslan av identitet från den fysiska kroppen till energiområdet i själen. Vägen dit är genom de universella stadierna av utveckling. Det vill säga att bli livskraftig och oberoende (individualisera), att koppla sig samman med själen (självförverkligande), samt att samverka med andra själar (integrera).

Att förstå intern stablilitet

För att förstå hur ego-sinnet anpassar sig till själens sinne, måste vi utforska begreppet för inre stabilitet vidare. Låt oss utforska tanken att det vi kallar intern stabilitet på ett plan av varande utgör extern balans på ett tidigare eller lägre plan av vararande. Det innebär att varje sinne på varje plan av varande är beroende av medvetandet hos enheter på ett lägre plan för att uppnå intern stabilitet eller samstämmighet. Det är detta som skapar en stabil plattform för evolution. Parallellt med att det sker är sinnet på det högre planet fokuserat på sin externa balans.

Atomens sinne förlitar sig på medvetandet hos sina partiklar för att stödja dess interna samstämmighet medan den samtidigt fokuserar på sin externa jämvikt i världen av atomer. Molekylen förlitar sig på sina atomers medvetenhet för att stödja den interna samstämmigheten medan den fokuserar på sin externa jämvikt i världen av molekyler, och så vidare, hela vägen upp genom kedjan till varandet. Mänskliga gruppstrukturer förlitar sig på enskilda människor till att stödja deras interna stabilitet (genom sammankoppling), medan de kan fokusera på sin externa balans (genom samverkan) i en värld av mänskliga gruppstrukturer.

Den evolutionära dynamiken mellan ego och själ

På samma sätt som själs-sinnet bygger på ego-sinnet och dess sub-personligheter för att stödja sin interna samstämmighet, fokuserar det på sin externa balans i världen av själar.[3] Upprördhet av någon form (en störning i ego-sinnet, det känslomässiga fältet) orsakar intern instabilitet för själsinnets energifält (det andliga fältet).

Vid varje given tidpunkt är de känslor vi upplever, en återspegling av tillståndet hos ego-själens evolutionära dynamik inom vårt energifält. Mer specifikt, den grad till vilken egosinnets rädslo-baserade övertygelser påverkar vibrationsfrekvensen i själens kärleksbaserade energifält.

För att förstå vilka faktorer som påverkar ego-själens evolutionära dynamik, det energiska förhållandet mellan ego-sinnet och själs-sinnet, behöver vi fördjupa oss i evolutionens grundläggande principer. Vi behöver förstå hur en entitet uppnår inre stabilitet. Baserat på föregående diskussion kan vi identifiera tre villkor som måste uppfyllas för att en entitet ska uppleva inre stabilitet:

1. De lägre ordnade enheterna måste identifiera sig med de högre ordnade enheterna.
2. De lägre ordnade enheterna måste ha ett enhälligt syfte, vilket är samma syfte som de högre ordnade enheterna.
3. De lägre ordnade enheterna måste vara energimässigt kompatibla med varandra och med de högre ordnade enheterna.

Att mäta mänsklig medvetenhet

Tar vi den mänskliga själen som exempel uppstår inre stabilitet när egot identifierar sig med själen. Vilket händer när egot delar samma syfte som själen och omfamnar värderingar som möjliggör för själen att knyta an till och samarbeta med andra själar för att föra den evolutionära processen framåt.

Skiftar ditt ego inte känsla av identitet för att överensstämma med själen, hamonierar det inte med själens syfte och omfamnar det inte de värderingar som främjar sammankoppling och samarbete med andra själar kommer ditt energifält aldrig att uppnå inre stabilitet. Du kommer inte att kunna utvecklas till ett högre stadie av psykologisk utveckling.

Om vi tar en mänsklig organisation som exempel uppstår inre stabilitet när anställda delar samma känsla av identitet, arbetar för ett gemensamt syfte och är energimässigt samstämda. Låt oss för tillfället säga att den gemensamma identiteten är organisationen. Det enhälliga syftet är organisationens uppdrag/mission och den energimässiga smastämmigheten är en överenskommelse mellan alla medlemmar i organisationen att verka utifrån en gemensam uppsättning värderingar.

Vi kan se att värderingar är av betydande vikt för utvecklingen av medvetandet. Utan gemensamma värderingar kan vi inte uppnå intern stabilitet. Utan intern stabilitet kan vi inte utvecklas i medvetandet eftersom uppnåelse av intern stabilitet är en förutsättning för att utvecklas till nästa stadie av psykologiska utveckling.

Vad är värderingar?

Enligt sociologer är "värderingar" *de ideal och seder i ett samhälle som människor tycker är viktiga*. Jag föredrar att definiera värderingar på ett mer pragmatiskt sätt. *Värderingar är en förenklad metod att beskriva vad som är viktigt för oss individuellt eller kollektivt (som organisation, samhälle eller nation) vid varje givet ögonblick.*

Från ett fyrdimensionellt perspektiv kan vi definiera värderingar som energiuttryck för våra ambitioner och avsikter. Värderingar är "energier" då de tillhör sinnets immateriella värld och våra energifält.

Från själens perspektiv kan vi säga att värderingar är *de principer vi behöver leva efter för att stödja sammankoppling och samarbete, värderingarna som främjar utveckling.*

47

Värderingar är inte detsamma som övertygelser. Värderingar som främjar sammankoppling och samarbete är universala och överträffar sammanhanget. Övertygelser är å andra sidan beroende av sammanhanget. Övertygelser beror på den kultur och världsuppfattning du vuxit upp i och dina föräldrars programmering och åsikter som du tagit till dig under dina uppväxtår. Värderingar förenar människor. Övertygelser tenderar att separera människor. Detta gäller särskilt religiösa och ideologiska övertygelser. Positiva värderingar är universella vägledningssystem som delas av alla själar. Övertygelser är kontext-relaterade vägledningssystem från egot. När du skiftar kontroll av din personlighet från ditt ego till din själ skiftar du automatiskt från övertygelsebaserat beslutsfattande till värderingsbaserat beslutsfattande. Denna förändring innebär att du effektivt kan kasta bort de regelböcker du lärt dig när du var ung. Varje beslut du nu tar kommer att hämtas från vad du anser vara "rätta handlingar". Det är handlingar som är helt i linje med vem du verkligen är - ditt själsjag och med värderingar som främjar sammankoppling och samarbete (evolution). Genom värderingsbaserat beslutsfattande kan du skapa en framtid som är i djupare samklang med den du verkligen är. De skapar förhållanden som gör att din äkthet och integritet kan blomstra.

Om du vill leva i själens medvetande bör varje avgörande beslut som du tar i livet passera geom dina värderingar. Om ett beslut som du vill ta verkar logiskt men går mot dina själs-baserade värderingar, det vill säga inte främjar, eller rentav hindrar sammankoppling eller samverkan, då ska du inte ta detta beslut.

Sättet du vet om ett beslut inte är i linje med din själs värderingar är på hur det får dig att känna och den inverkan det har på ditt energifält. När du fattar beslut som kommer från rädsla, främjar du separation och ditt energifält tar på sig en ökad negativ laddning. Du upplever en känsla av tyngd. När du fattar beslut som kommer från kärlek främjar du sammanhållning och ditt energifält får en ökad positiv laddning. Du känner lätthet.

Jag säger inte att det inte finns plats för medvetet övertygelsebaserat beslutsfattande i våra liv, baserat på logik eller rationellt tänkande. Det finns det. Vad jag säger är att innan du kommer till ett slutligt beslut om hur du ska hantera en situation, bör du alltid utforska hur beslutet får dig att känna. Om det inte känns rätt, inte främjar sammankoppling eller samarbete bör du tänka om. Som det tidigare sagts, beslut baserat på egenintresse främjar inte, i det långa loppet, evolutionär hållbarhet.

Noteringar

1. Antonio Damasio, *The Feeling of What Happens* (New York: Vintage Books), 1999, sid. 40.
2. Ibid., sid. 48.
3. Varför säger jag "världen av själar"? Eftersom det är det som vi är! Vi har inte själar, vi är själar! Vi lever i en värld av själar som försöker föra själens medvetenhet in i vår tredimensionella fysiska verklighet.

4

Mäta personlig medvetenhet

Efter att ha definierat ett ramverk för att mäta mänskligt medvetande och även identifierat hur din känsla av identitet (social integrering) expanderar genom olika stadier, från din egoidentitet till din själs identitet, kan vi utforska mekaniken för att mäta medvetenhet närmare. I detta syfte kommer vi att behöva definiera två nya begrepp; personlig entropi och kulturell entropi.

Personlig entropi är mängden rädslodriven energi som en person uttrycker i sitt dagliga liv mätt genom sina interaktioner med eller beteenden gentemot andra människor. Personlig entropi uppstår genom undermedvetna rädslobaserade övertygelser som vi lär oss under överlevnads, anpassnings och differentieringstadierna i vår psykologiska utveckling. De representerar vårt egos otillfredsställda behov, att inte ha tillräckligt, inte vara tillräckligt älskad och att inte vara tillräcklig. Dessa kallas även sekundära motivationer. När vi fattar beslut utifrån rädslobaserade övertygelse fokuserar vi på vårt eget egenintresse vilket befrämjar separation.

Kulturell entropi är mängden av konflikter, friktion och frustration som människor möter i sin dagliga verksamhet och som hindrar en mänsklig gruppstruktur (team, organisation, samhälle eller nation) från att nå sin fulla potential. Den huvudsakliga källan till kulturell entropi är rädslobaserade handlingar och beteenden hos nuvarande ledare och/eller arv från tidigare ledare. De rädslobaserade övertygelserna är inbäddade i strukturer, regler, system och arbetsmetoder inom organisationen.

> Personlig entropi är mängden rädslodriven energi som en person uttrycker i sitt dagliga liv mätt genom sina interaktioner med andra människor.

Att mäta mänsklig medvetenhet

På individnivå skapar personlig entropi störningar i ditt personliga energifält vilket hindrar egot från att koppla sig samman med och samarbeta med din själ. På gruppnivå skapar kulturell entropi störningar i gruppens energifält vilket hindrar medlemmarna från att knyta an till och samarbeta med varandra.

Kulturella transformationverktyg

De mätinstrument som presenteras här beskrivs redan i flera av mina tidigare böcker. De är kända under samlingsnamnet Cultural Transformation Tools (CTT). En beskrivning av den senaste versionen av mätinstrumenten finner du i *The Values-Driven Organization. Unleashing human potential for performance and profit*[1], eller genom att gå till hemsidan www.valuescentre.com.

Sedan starten har CTT använts för att mäta medvetenhet i mer än fem tusen organisationer, hos fyra tusen ledare och i tjugofyra nationer. Mer än fem tusen personer i sextio länder har ackrediterats i användningen av dessa verktyg.

Du kan mäta ditt eget medvetande genom att göra en kostnadsfri självutvärdering på www.valuescentre.com/pva. Denna utvärdering ger dig ditt perspektiv på dina värderingar. Dessa är de värderingar som du tror du lever enligt eller de värderingar som du strävar att leva efter.

För att ta reda på var du *faktiskt* befinner dig på spektrat av medvetenhet snarare än din potentiellt partiska uppfattning, kan du göra en utvärdering baserat på feedback, genom att ta reda på hur andra ser dig. I en feedback bedömning ombeds 15 – 20 personer välja 10 värderingar/beteenden som speglar hur du agerar. De väljer ur en lista med 80-90 ord eller fraser. De värderingar/beteenden som ingår i listan representerar alla nivåer av medvetande samt innehåller både positiva och potentiellt begränsande (negativa) värderingar.

Positiva värderingar är ord som vänskap, familj, ansvar, förtroende och att göra skillnad. Det är värderingar som främjar anslutning, sammankoppling och samarbete. Potentiellt begränsande värderingar är ord som kontroll, skuld, manipulation, status och arrogans. Det är värderingar som främjar separation och konflikter som skapar personlig entropi.

Topp-tio värderingarna med högst poäng och fördelningen av alla värderingar som utvärderarna valt presenteras mot modellen för Sju nivåer av medvetenhet. Nivån för personlig entropi erhålls genom en beräkning av andelen röster för potentiellt begränsande värderingar som valts av alla utvärderare.

Mäta medvetenhet hos en individ med hög entropi

Figur 4.1 visar resultatet av feedback som erhållits för en enskild individ som agerar med hög personlig entropi. Siffran vid varje värdering är antalet röster för denna värdering av utvärderarna. Det totala antalet utvärderare var i detta fall 15 stycken. Ett (L) bredvid en värdering indikerar en potentiellt begränsande värdering. De vita prickarna anger placeringen av potentiellt begränsande värderingar och det grå prickarna föreställer placeringen av positiva värderingar.

Figur 4.1: Nivåer av medvetenhet hos en individ med hög personlig entropi.

15 utvärderares perspektiv

Topp-tio värdeingar

Distribution av värderingar

7 0%	Aktiverat själs-sinne 0%
6 0%	
5 0%	Ego-Själ överensstämmelse 27%
4 27%	
3 9% / 27%	
2 18%	Ego-sinne 73%
1 9%	

prestation	12
auktoritär (L)	10
att vara bäst	8
tävlingsinriktad (L)	8
krävande (L)	8
bestämd	7
excellens	7
kunskap	7
makt (L)	6
resultat-orienterad	6
risktagande	6

0% 20% 40%

Personlig Entropi = 36%

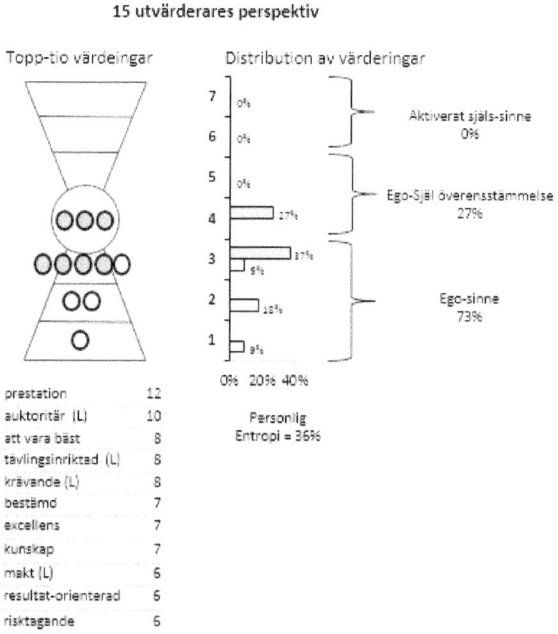

Enligt personens utvärderares åsikter är hen fokuserad på sitt ego-sinne. 73 % av värderingarna är belägna i de tre första nivåerna av medvetande (ego-sinnet), 27 % av värderingarna återfinns på nivåerna för egosjälöverensstämmelse. Det finns inga värderingar på nivåerna för ett aktiverat själsinne. Nivån av personlig entropi är (36 %) erhålls genom att lägga ihop andelen röster för alla potentiellt begränsade värderingar på de tre första (ego) nivåerna av medvetande (9 % + 18% + 9%).

Denna person har startat processen för individuering (primär motivation) men har ännu inte nått nivån av självförverkligande. Vad som blockerar den evolutionära utvecklingen hos personen är den höga personliga entropin relaterat till den sekundära motivationen. De potentiellt begränsande värderingarna bland de topp-tio som utvärderarna valt indikerar att denna person är prestationsinriktad, auktoritär, mycket tävlingsinriktad, krävande och maktsökande. Alla dessa värderingar främja separation i stället för integration.

Den grad till vilken en person är fullt medveten om vem den är och hur den uppfattas av andra kan mätas genom att be personen vars medvetenhet utvärderas att också plocka tio värderingar om hur de ser på sig själva i sitt ledarskap. Deras syn på sina egna värderingar jämförs sedan med deras utvärderares syn på dem.

Figur 4.2 visar hur personen i figur 4.1 bedömt sig själv, tillsammans med utvärderarnas perspektiv (visas i figur 4.1). Procentandelarna inom parentes längst till höger är individens egen bedömning av deras fördelning av värderingar jämfört med utvärderarna.

Richard Barrett

Figur 4.2: Jämförelse av hur en individ med hög entropi ser sig själv och hur hen ses av sina utvärderare.

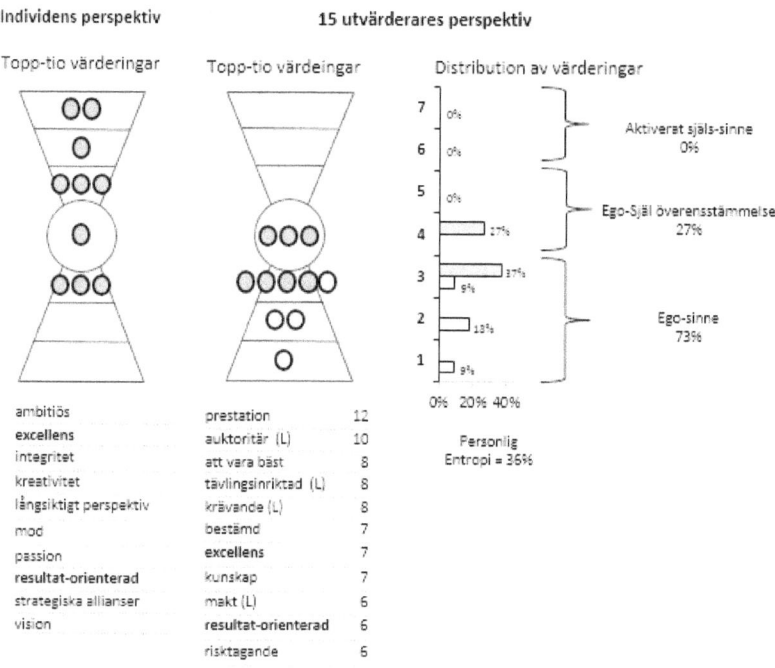

Vad som är omedelbart uppenbart från detta exempel är diskrepansen mellan hur personen ser sig själv och hur hen ses av andra. Denna person har inte en realistisk syn på sig själv. Egot projicerar en falsk persona. Hen lever bakom sin egomask och ser sig själv agera enligt högre nivåer av medvetenhet, än vad hens beteenden visar omvärlden.

Det finns två matchande värderingar mellan hur hen ser sig själv och vad andra upplever, dessa är *excellens och resultat orientering*. Personen tillskriver sig själv ingen personlig entropi (inga potentiellt begränsar värderingar bland topp-tio) men utvärderarna anser att hen agerar med mycket hög nivå av personlig entropi (36 %).

Mäta medvetenhet hos en individ med låg entropi

Figur 4.3 visar de resultat som erhållits för en individ med låg personlig entropi.

Figur 4.3: Nivåer av medvetenhet hos en individ med låg personlig entropi.

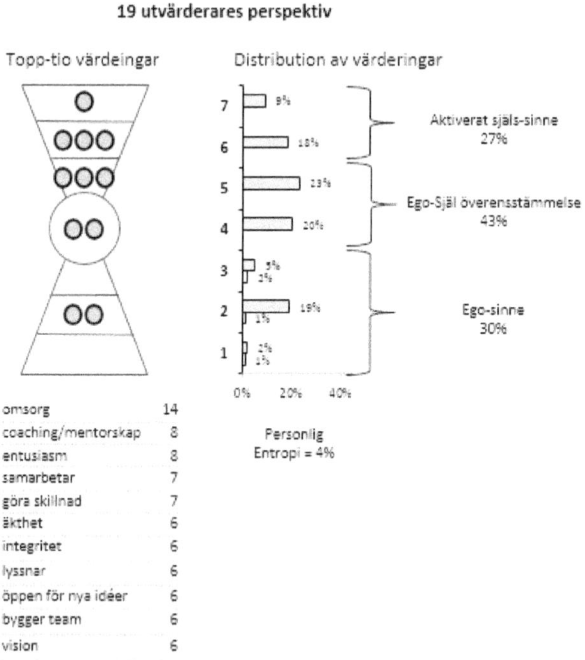
19 utvärderares perspektiv
Topp-tio värdeingar
Distribution av värderingar
7
6
5
4
3
2
1
9%
18%
23%
20%
5%
2%
19%
1%
2%
1%
0%
20%
40%
Aktiverat själs-sinne
27%
Ego-Själ överensstämmelse
43%
Ego-sinne
30%
Personlig
Entropi = 4%
omsorg 14
coaching/mentorskap 8
entusiasm 8
samarbetar 7
göra skillnad 7
äkthet 6
integritet 6
lyssnar 6
öppen för nya idéer 6
bygger team 6
vision 6

Enligt de nitton utvärderarna, anses denna individ vara fokuserad på de högre nivåerna av medvetenhet. 43 % av utvärderarnas röster återfinns på nivåerna av medvetenhet för transformation och inre samstämmighet (ego-själ överensstämmelse). 27 % återfinns på att göra skillnad och service nivåerna av medvetenhet (aktiverat själs-sinne). Denna person har kommit långt i sitt självförverkligande och har en låg nivå av personlig entropi (4 %).

Figur 4.4 jämför hur denna person ser sig själv jämfört med feedbacken från de 19 utvärderarna. Procenttalen i parentes till höger om siffran är individens egen bedömning och fördelning av värderingarna. I detta fall, jämfört med föregående person, finns det ett mycket starkare samband mellan hur människor ser denna person och hur hen ser på sig själv. Det finns fyra matchande värderingar i topp-tio; lyssnar, öppen för nya idéer, bygger team och vision.

Vad som är slående med denna person jämfört med föregående är att hen har en något mer blygsamma uppfattning om vem hen är jämfört med sina utvärderare. Intressant är att ingen av de två personerna är väl medvetna om hur de uppfattas av andra. Den senare underskattar sig själv medan den första överskattar sig själv.

Figur 4.4: Jämförelse av hur en individ med låg entropi ser sig själv och hur hen ses av sina utvärderare.

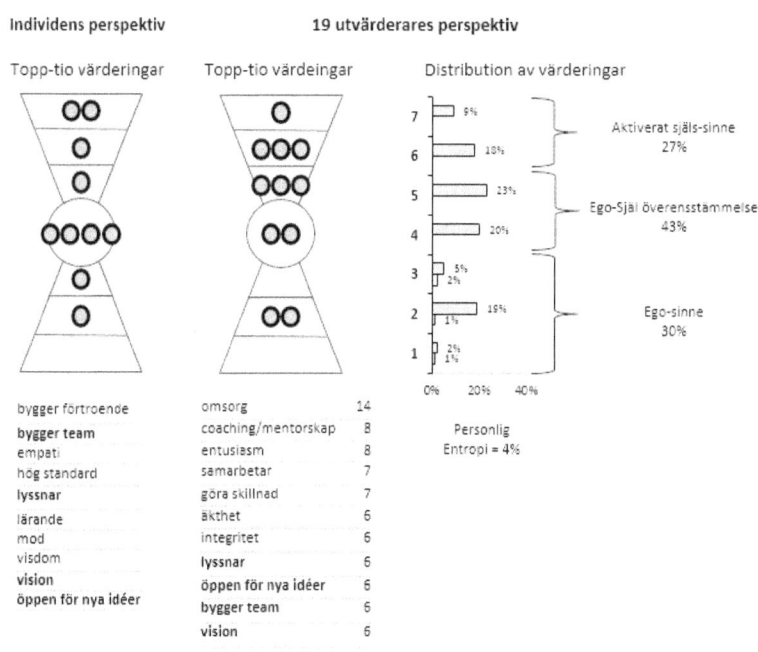

Den största skillnaden mellan dessa två exempel, högentropi- och lågentropi-individer, är att den första individen är främst verksam på egonivåerna av medvetenhet och den andra individen är främst verksamt på ego-självsöverensstämmelse och högre nivåer av medvetenhet.

Låt oss nu ta en titt på hur vi kan mäta medvetenheten och den kulturella entropin i en organisation.

Notering

[1.] Richard Barrett, *The Values-Driven Organization: Unleashing Human Potential for Performance and Profit* (London: Routledge), 2013, sid. 119-144.

5

Mäta organisatorisk medvetenhet

Tekniken bakom att mäta medvetandet av en mänsklig gruppstruktur till exempel en organisation, ett samhälle eller en nation är något annorlunda från hur vi mäter det individuella medvetandet. Vi ber människor som är en del av gruppstrukturen att välja tio värdeord/beteenden från en lista med 80-90 ord eller fraser som bäst beskriver vem de är, hur deras grupp fungerar (nuvarande kultur) och hur de vill att deras grupp ska fungera (önskad kultur). Låt oss för tillfället fokusera på resultaten av frågan om hur gruppen fungerar (nuvarande kultur).

De värdeord som ingår i listan som man väljer från representerar alla nivåer av medvetande och innehåller positiva såväl som potentiellt begränsande (negativa) värderingar.

Positiva värderingar kan vara ord som finansiell stabilitet, ansvar, öppenhet, förtroende och att göra skillnad. Potentiellt begränsande värderingar kan vara ord som kontroll, skuld, hierarki, brandsläckande och byråkrati. De tio värdeord som valts mest och distributionen av alla värdeord som valts av personerna i gruppen "plottas" mot modellen för sju nivåer av medvetenhet och nivån av kulturell entropi beräknas. Det senare är den andel av samtliga ord som individerna i gruppen valt och som är potentiellt begränsande.

Listan kan anpassas för en viss grupp. Det innebär att man kan komplettera listan med ord som representerar värderingar/beteenden som är specifika för denna grupps sammanhang.

Hög kulturell entropi - en organisation med liten samstämmighet

Figur 5.1 visar ett typiskt resultat för organisationer med hög kulturell entropi (rädslodrivna) och liten samstämmighet. Åttio chefer i denna organisation ombads bedöma den nuvarande kulturen i deras organisation. Siffran bredvid varje värdering representerar antalet röster för densamma. Ett (L) bredvid ett värdeord indikerar att det är en potentiellt begränsande värdering. De vita prickarna representerar placeringen av potentiellt begränsande värderingar och de grå prickarna representerar placeringen av positiva värderingar.

Vad som är omedelbart uppenbart i det här exemplet är den låga nivån av medvetande och höga nivån av kulturell entropi i den befintliga kulturen i denna organisation. 73% av värdeorden ligger i nivå med ego-sinnet, 22% vid nivån för ego-själ transformationen och 5% vid nivån för den förverkligade själen. Sju av de tio flest valda värderingarna i den befintliga kulturen är potentiellt begränsande värderingar.

Figur 5.1: Nivåer av medvetenhet i en organisation med hög kulturell entropi.

Nuvarande kultur

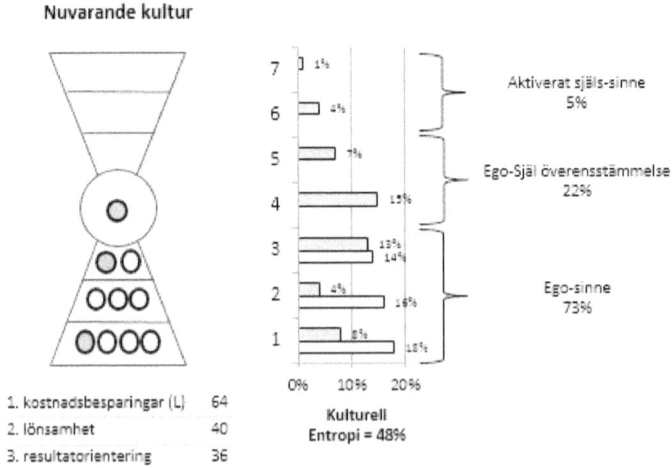

1. kostnadsbesparingar (L)	64
2. lönsamhet	40
3. resultatorientering	36
4. skyller på varandra (L)	34
5. krävande (L)	32
6. långa arbetstider (L)	29
7. tar ansvar	27
8. otrygg anställning (L)	26
9. brist på uppskattning (L)	25
10. kontroll (L)	25

Kulturell Entropi = 48%

Aktiverat själs-sinne 5%
Ego-Själ överensstämmelse 22%
Ego-sinne 73%

Richard Barrett

Låt oss nu jämföra den nuvarande kulturen med samma chefers önskade kultur. Denna jämförelse visas i figur 5.2.

Cheferna önskar en betydande förflyttning av medvetenhetsfokus. Även om ingen av de tio mest valda värdeorden ligger på den femte medvetandenivån, var 20 % av alla valda ord för värderingar/ beteenden på denna nivå när man beskrev sin önskade kultur. Detta innebär att den totala andelen av rösterna för ego-själfokus är 51 %, och för ett aktiverat själsinne 16 %.

De tio värderingar/beteenden som efterfrågas i den önskade kulturen är alla olika från de tio mest valda värdeorden som redovisas i den aktuella kulturen. Denna organisation har fastnat i en kultur kännetecknad av skuldbeläggande. Ledarna är krävande och kontrollerande och på grund av det dåliga resultatet finns ett starkt fokus på kostnadsreduktion. Trots långa arbetsdagar, är människor inte uppskattade och känner sig osäkra på sina jobb.

Figur 5.2: Jämförelse mellan nuvarande och önskad kultur.

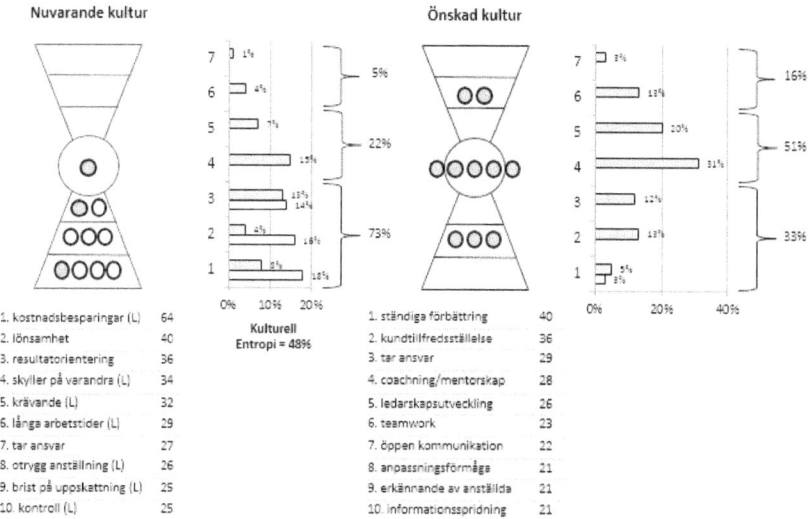

Figur 5.3 jämför de personliga värderingarna/beteenden[1] som man valt och fördelningen av värderingar/beteenden för den önskade kulturen. Vi ser att fördelningen av chefernas personliga värderingar är väldigt lik fördelningen av deras önskade kulturvärderingar. Resultaten visar att 34 % respektive 33% av rösterna för värderingar/ beteenden är på nivån för ego-sinnet, 53% och 51% finns på nivån för

ego-själens överensstämmelse och 13 % respektive 16% i nivå med den aktiverade själens sinne. Människor vill arbeta i en kultur som speglar deras personliga medvetenhet.

Den mest signifikanta skillnaden är på nivå fyra (transformation) och nivå fem (intern samstämmighet). Medan deras personliga värderingar främst är belägna på nivå fem. Nivån för interna samstämmighet, ligger de önskade kulturvärden på nivå fyra. Detta visar att cheferna inser att för att minska nivån av kulturell entropi och antalet potentiellt begränsade värderingar i den aktuella kulturen, måste de först arbeta på nivån för transformation (nivå fyra) innan de arbetar på nivån för den interna samstämmigheten (nivå fem). Det är från transformationsnivån dessa chefer kan lösa de problem som orsakar den kulturella entropin i organisationen. Detta kommer att innebära att arbeta med högsta ledarna för att minska deras nivåer av personlig entropi.

Figure 5.3: Jämförelse av personlig medvetenhet med önskad medvetenhet.

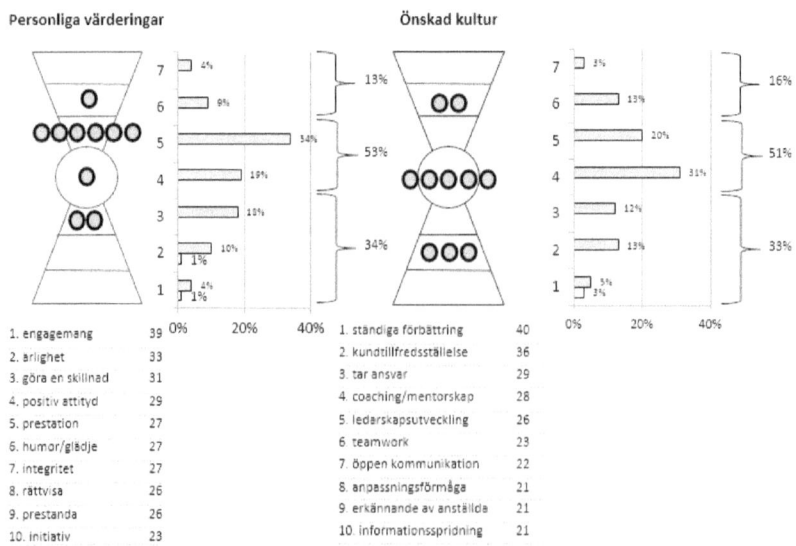

I detta exempel har jag främst fokuserat på fördelningen av värderingar snarare än på värderingarna som sådana. I en normal kulturell värderingsmätning skulle vi ägna en hel del uppmärksamhet åt de verkliga värderingarna för att avgöra vad som behöver göras för att transformera och förbättra prestandan för organisationen. För mer information se (*The Values-Driven Organization: Unleashing human potential for performance and profit*, July 2013).[2]

Låg kulturell entropi - en organisation med stor samstämmighet

I det andra organisatoriska exemplet visar jag resultaten från en typisk organisation med låg kulturell entropi och hög samstämmighet. Detta är en liten organisation med 18 personer med 2 % kulturell entropi, fyra matchande personliga och aktuella kulturvärden, och sju matchande nuvarande och önskade kulturvärden. Allt detta tyder på en hög grad av kulturell överensstämmelse.

Figur 5.4 visar fördelningen av de personliga, nuvarande och önskade kulturvärderingarna. Vi ser genast den höga graden av samstämmighet mellan nivåer av medvetande. Den starka samstämmigheten tillsammans med den låga nivån av kulturell entropi skapar en hög nivå av engagemang. Detta är ett mycket produktivt och framgångsrikt företag.

Figur 5.4: Fördelning av medvetenhet i en organisation med låg kulturell entropi och hög samstämmighet.

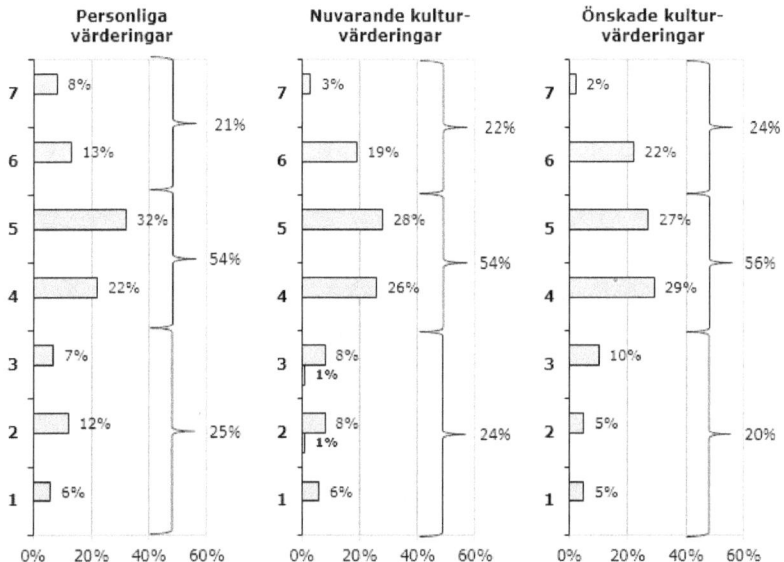

Att mäta mänsklig medvetenhet

Medarbetarengagemang och kulturell entropi

I figur 5.5 presenterar jag resultaten av forskning vi utfört med Hewitt Associates om sambandet mellan medarbetarnas engagemang och kulturell entropi. Inte överraskande leder hög kulturell entropi till lågt engagemang och låg kulturell entropi leder till högt engagemang. Mycket engagerade medarbetare är inte bara mer produktiva, de är också mer engagerade i organisationens framgång. De är villiga att anstränga sig mer för att se till att organisationen är framgångsrik. För mer information, se kapitel 2 i (*The Values-Driven Organisation, The impact of values on performance*)

Figur 5.5: Korrelation mellan medarbetarengagemang och kulturell entropi.

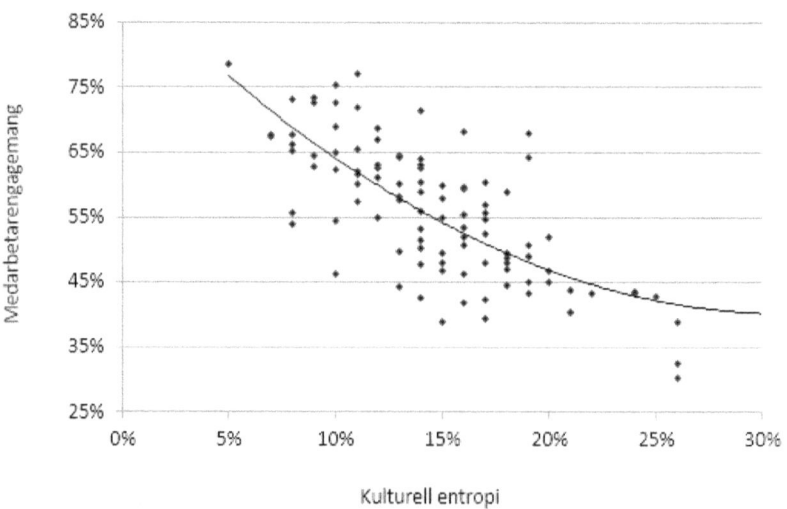

Eftersom kulturell entropi är ett mått på de rädslodrivna attityder och beteenden som finns i en gruppkultur, drar vi slutsatsen att människor fungerar bäst i en omtänksam, kärleksbaserad miljö snarare än en rädslodriven miljö.

Slutsatser

Baserat på resultaten av tusentals mätningar av individer och organisationer har vi nått två slutsatser:

1. Högre medvetandetillstånd är omvänt korrelerad till personlig och kulturell entropi (rädslodriven energi). När mängden av rädslodriven energi minskar, ökar nivån av ego-själ inriktning och själens aktivering
2. Själens aktivering leder inte på egen hand till högre nivåer av mänsklig och organisatorisk prestanda. De mest framgångsrika individer och mänskliga gruppstrukturerna är sådana där uppmärksamheten på egots behov är balanserad med uppmärksamhet på själens behov. En betydande mängd uppmärksamhet ges kontinuerligt till att arbeta för ego-själ överensstämmelse genom att minska och om möjligt eliminera rädsla.

Fotnot

[1] Eftersom dessa är deras självrapporterade värderingar, representerar de antingen deras faktiska värderingar eller de värderingar de strävar efter. Skuggperspektivet av någons personlighet tenderar att inte synas i självrapporterade värderingarna.

[2] Richard Barrett, *The Values-Driven Organization: Unleashing Human Potential for Performance and Profit* (London: Routledge), 2013.

6

Mäta nationell medvetenhet

Hög kulturell entropi – en nation med låg samstämmighet

Följande data kommer från Storbritanniens nationella värderingsmätning utförd år 2012. Figur 6.1 visar fördelningen av samtliga röster för personliga, nuvarande och önskade kulturvärderingar. Det finns mycket lite överensstämmelse mellan vilka människorna är och de värderingar de ser i nationen. Nivån av entropi i den aktuella kulturen är 59%. Det finns 6% entropi i personliga värderingar och 4% entropi i önskade kulturvärderingar. Den höga nivån av entropi i den aktuella kulturen avspeglar medborgarnas perspektiv på hur landet styrs.

Richard Barrett

Figur 6.1: Fördelning av medvetande i Storbritannien.

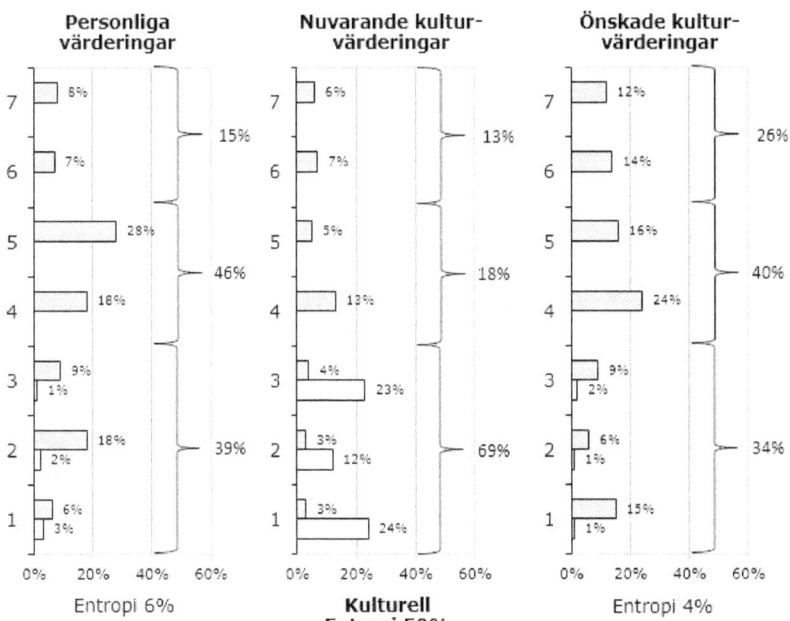

Låg kulturell entropi – en nation med hög samstämmighet

Följande data är från Bhutans nationella värderingsmätning utförd år 2008. Figur 6.2 visar fördelningen av samtliga röster för personliga, nuvarande och önskade kulturvärderingar. Det finns en extremt stark överensstämmelse mellan deltagarnas personliga värderingar, de värderingar de ser i nationen liksom de värderingar som de skulle vilja se i nationen. Nivån på entropi i den aktuella kulturen är 4%. Det finns 6% entropi i de personliga värderingar och 4% entropi i de önskade kulturvärderingarna.

Att mäta mänsklig medvetenhet

Figur 6.2: Fördelningen av medvetenhet i Bhutan.

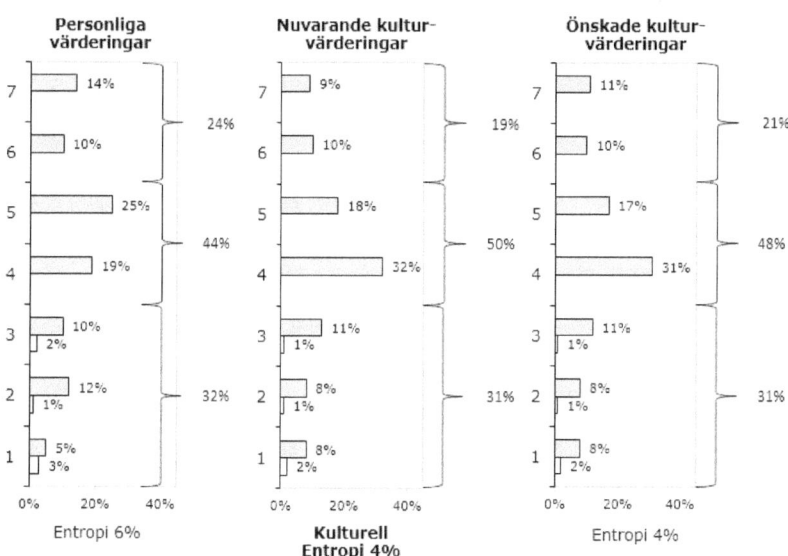

Jämfört med Storbritannien, fördelar sig medborgarnas medvetande i Bhutan på en betydligt högre nivå. Av bhutanesiska medborgarnas personliga värderingar är 24% i nivå med själens aktivering jämfört med 15% för Storbritannien (personliga värderingar). Jag tror att detta beror på det starka buddhistiska inflytande som finns i Bhutan. Folk från båda nationerna har ungefär samma andel av värderingar på nivån för ego-själ (46% respektive 44%).

Även om Bhutan är ett utvecklingsland utan många av de moderna bekvämligheter som finns i Storbritannien, är nivån av ego-driven energi (fokus på bristbehov) bland medborgarna i Bhutan mindre än i Storbritannien (32% jämfört med 39%). Jämfört med Storbritannien, med 5% av värderingarna på nivån för självförverkligande i den aktuella kulturen, har Bhutan 18%. På sätt och vis är detta ett överraskande resultat, eftersom Bhutan vid den tidpunkt då undersökningen genomfördes var ett kungarike, medan Storbritannien var en demokrati. Dessa resultat, den höga nivån av anpassning och den låga nivån av kulturell entropi, tyder på att folket i Bhutan har en stark nivå av tillit till sina ledare.

För mer information om hur man kan genomföra en nationell värderingsmätning och se resultatet från 24 nationer gå till http://www.valuescentre.com/ och sök efter nationella värderingsmätningar (NVA).

APPENDIX 1

Historien om modellen
Sju nivåer av medvetenhet

Idén till modellen för Sju nivåer av medvetenhet uppstod då jag först kom i kontakt med Abraham Maslows behovstrappa. När jag läste Maslows böcker blev det uppenbart för mig att hans tänkande var långt före sin tid. Maslow dog år 1970 vid en ålder av sextiotvå, långt innan medvetanderörelsen hade slagit rot. När jag studerade hans modell märkte jag att med några smärre ändringar skulle hans behovstrappa kunna införlivas i en medvetandemodell. Jag satte igång att göra dessa förändringar runt 1995 och avslutade dem året därpå. Korrelationen mellan Maslows modell och modellen för Sju nivåer av medvetenhet (Barrettmodellen) visas i tabell A1.1

Tabell A1.1: Från Maslow till Barrett.

Maslow's behovstrappa	Barrett's Sju nivåer av medvetenhet
Självförverkligande	7 Service
	6 Att göra skillnad
	5 Intern samstämmighet
Kunna och förstå	4 Transformation
Självkänsla	3 Självkänsla
Tillhörighet	2 Relationer
Fysiska behov	1 Överlevnad

Utvidga begreppet självförverkligande

Den första förändringen jag gjorde var att utöka Maslows självförverkligandebegrepp. Vad jag ville var att göra vår själs behov, ibland benämnda våra andliga behov, tydligare. Detta mål uppnådde jag genom att integrera de begrepp som beskrivs i Vedisk filosofi och som är associerade med medvetandetillstånd (själsmedvetande, kosmiskt medvetande, Gudsmedvetande och enhetsmedvetande) in i modellen för sju nivåer av medvetenhet.

Enligt Vedisk filosofi har våra flerdimensionella sinnen förmågan att uppleva sju stadier av medvetenhet. De första tre, att vakna, att drömma och att sova i djupsömn, är en del av allas dagliga upplevelse.

I det fjärde medvetandestadiet (själsmedvetandet) börjar du inse att du är mer än ditt ego och din fysiska kropp. Du börjar identifiera dig med din själs värderingar och syfte och dess energiverklighet. Detta medvetandetillstånd kan upplevas genom meditation. Under meditation blir kroppen och dess neurologiska system helt avslappnat samtidigt som ditt sinne vilar i en frid som ligger bortom tid och rum.

Bortom själsmedvetandet finns ett femte stadie av medvetenhet, kallat det kosmiska medvetandet. I detta tillstånd är du helt identifierad med din själ, inte bara när du mediterar. Du befinner dig i ett rädslofritt tillstånd av mentalt och fysiologiskt fungerande. I detta tillstånd uppfyller du enkelt dina egna önskningar samtidigt som du stödjer andras intressen. Du tillämpar principen om självgodkännade. Det vill säga du kan leva ditt liv till fullo utan att någonsin känna dig beroende av andras godkännande. Du är befälhavaren för ditt öde eftersom du har blivit din själs tjänare.

Vid det sjätte medvetandetillståndet, kallat Gudsmedvetandet, blir du medveten om den djupa nivån av anknytning mellan din själ och alla andra själar och det finns bara en mycket liten känsla av separation mellan dig och andra. Du börjar inse att bortom själens medvetandenivå finns det inga "andra" - vi är alla individualiserade aspekter av samma universella energifält. När jag ger till dig, ger jag till en annan aspekt av mig själv. När jag kritiserar dig, kritiserar jag en annan aspekt av mig själv.

På den sjunde nivån, som kallas enhetsmedvetande, blir du ett med allt som finns. Jaget fusioneras med varje självaspekt av varje annan form av varande i total enighet. Det finns ingen skillnad mellan den vetande och föremålet för vetandet. Såvitt jag förstår är detta det högsta stadiet av medvetande som människan kan uppnå.

I takt med att du förflyttar dig genom dessa olika stadier av medvetande, upplever du en allt högre och mer inkluderande känsla av identitet.

Alla upplever de första tre stadierna av medvetenhet, vakna, drömma och sova nästan varje dag. Men hur ofta vi upplever de högre medvetandetillstånden beror på vilket stadie av psykologisk utveckling vi har uppnått, till vilken grad vi har lärt oss hur vi släpper våra medvetna och omedvetna rädslor och lever ett värderings- och syftesdrivet liv.

När vi gör framsteg i att behärska våra grundläggande fysiska och känslomässiga behov släpper det undermedvetna rädslobaserade övertygelser och därigenom frigörs våra själar. Vi får mer frekvent tillgång till de högre medvetandetillstånden. Du kommer att känna igen dessa stunder enkelt eftersom du kommer att överumplas av känslor av kärlek, glädje eller lycka. Du kan känna energin brusande eller pirrande genom kroppen i stunder av resonans, du kan uppleva en djup känsla av samhörighet med en annan person eller till världen i allmänhet. Ibland kommer dessa erfarenheter att pågå under en kort stund, ibland i flera sekunder och om du har tur, i flera dagar.

Jag kommer alltid att minnas den djupa känslan av glädje som kom över mig två timmar efter att min mamma dog. Jag hade varit med henne varje dag under det sista året av hennes liv när hon var sängliggande och oförmögen att ta hand om sig själv. Det kändes som om den glädje jag upplevde var hennes glädje över att ha släppts fri från sin fysiska kropp. Hon hade velat lämna sin kropp i flera månader. Hon sa hela tiden till mig, "Varför kan jag inte dö på samma sätt som mina systrar?" De dog alla plötsligt. Glädjen över min mors frigivning från hennes fysiska kropp stannade med mig i nästan två veckor och minskade bara gradvis efter hennes begravning.

Du kan ha haft en liknande upplevelse i ditt liv, eller du kanske har haft flera sådana upplevelser. Jag har aldrig målinriktat sökt efter dessa upplevelser. Jag föredrar att se dem som generösa gåvor från min själ. De ger mig en känsla av anknytning till den fjärde dimensionen av medvetande (och utöver det), de får mig att känna att mitt liv är verkligt och värdefullt och därför av betydelse.

Ibland upplever även de som inte är fokuserade på sin personliga utveckling högre medvetandetillstånd. När detta inträffar är det ofta ett livsförändrande ögonblick. Sådana upplevelser är inte slumpmässiga. Jag tror de är interventioner från våra själar i syfte att få vår uppmärksamhet på deras behov av att leva värderings- och syftesdrivna liv i vår tredimensionella fysiska verklighet. Själen öppnar plötsligt dörren till vårt medvetande, till andra möjligheter och bjuder in oss att växa och utvecklas. Kännetecknande för dessa högre medvetandetillstånd är alltid desamma nämligen frånvaron av rädsla och en känsla av djup anknytning.

Transformation

Den första insikten jag fick av att studera medvetandetillstånd som de beskrivs i Vedisk filosofi, var att uppkomsten av själsmedvetande nästan motsvarar Maslows behov av att "känna och förstå" och Carl Jungs begrepp "individuation." Detta är den fjärde nivån av medvetande och jag kallade denna nivå *"transformation"*. Det är en viktig föregångare till självförverkligande. Transformation är medvetandenivån där vi börjar undersöka den sanna naturen av vilka vi är, oberoende av kultur och miljö som vi växt upp i. På denna nivå av medvetande har vi möjlighet att ta ett steg tillbaka tillräckligt långt från den kulturella och sociala miljön som har påverkat våra övertygelser, för att göra egna val och bli författare till våra egna liv samt utveckla vår egen röst.

Första nivån av självförverkligande

Jag anser att kosmiskt medvetande motsvarar den första nivån av självförverkligande. Jag kallar denna nivå av medvetande *"intern samstämmighet"*, den femte av de sju nivåerna av medvetande. På denna nivå av medvetande, smälter ditt ego och din själ samman i en harmonisk enhet. Det är det som är innebörden av den interna samstämmigheten. På denna nivå av medvetenhet, hittar du din personliga känsla av transcendent syfte (själens syfte). Ditt ego och din själ blir energimässigt överens och du blir en själsuppfylld personlighet som vill leva livet värderings- och syftesdrivet.

Andra nivån av självförverkligande

Jag menar att Gudsmedvetandet motsvarar den andra nivån av självförverkligande och kallar denna nivå av medvetande *"att göra skillnad"*, den sjätte av de sju nivåerna av medvetande. På denna nivå börjar du upptäcka din själs djupare egenskaper. Du utvecklar en känsla av vetande som går utöver logik och resonemang och din intuition spelar en allt större roll i ditt beslutsfattande. På denna nivå av medvetande, aktiverar du din själs syfte fullt ut genom att göra skillnad i världen. Du lär dig snabbt att graden av skillnad du gör avsevärt kan förbättras genom din förmåga att samarbeta med andra som delar samma värderingar och samma mission, vision eller syfte.

Tredje nivån av självförverkligande

Enhetsmedvetande motsvarar enligt min mening den tredje nivån av självförverkligande. Jag kallar denna nivå av medvetande *"service"*, den sjunde av de sju nivåerna av medvetande. Vi når denna medvetandenivå när jakten på att göra en skillnad blir ett sätt att leva. När vi når denna nivå blir vi tillfreds med osäkerhet och kan utnyttja de djupaste visdomskällorna. Vi lär oss att arbeta med ödmjukhet och medkänsla.

Samtidigt som jag till fullo inser att korrelationen jag har gjort mellan den vediska filosofin och de sju nivåerna av medvetande kanske inte är exakt, är den tillräckligt nära för att berättiga vår uppmärksamhet. Den ger insikter om drivkrafterna och den bakomliggande andliga betydelsen av processen för självförverkligande.

Skifta från behov till medvetenhet

Den andra förändringen jag gjorde var att skifta från behov till medvetenhet. Det var uppenbart för mig att när människor har en underliggande oro eller rädsla att inte kunna tillgodose sina behov, förblir deras sinnen fokuserade på att hitta sätt att tillgodose dessa. De är fokuserade på medvetandenivån som representerar behovet de upplever.

Problem uppstår när behovet drivs av en undermedveten rädsla baserad på övertygelsen om att inte kunna tillgodose behovet, så kallat ett tidigt maladaptivt schema. När detta händer kan du inte få nog av vad du tror du behöver för att mildra den undermedvetna rädslan, även om det förefaller för en utomstående betraktare som att du har uppfyllt behovet mer än väl. Till exempel när en person har en rädslobaserad övertygelse på medvetandenivån för överlevnad, oavsett hur mycket pengar han/hon tjänar kommer de alltid att vilja ha mer. För dem är tillräckligt aldrig nog. Sådana människor kan förbli fokuserade på medvetandestadiet för överlevnad i hela sitt liv, även om de kan ha bemästrat några av sina andra behov. Till exempel kan de vara i en kärleksfull relation och har alla sina behov uppfyllda på den nivån.

De som har en underliggande oro eller undermedvetna rädslor kopplade till tillhörighet eller att bli älskad agerar omedvetet från medvetandenivån för relationer. De har ett starkt behov av att uppleva kärlek eller tillhörighet som kanske inte tilldelades dem i deras barndom. Som vuxna kan de äventyra sin egen integritet för att få dessa behov tillgodosedda. De vill bli omtyckta eller älskade. De tycker att det är svårt att hantera konflikter och kan tänkas använda humor för att minska spänningarna eller få harmoni i en situation. De är rädda för att inte bli älskade eller accepterade. De är beroende av andra för den kärlek de åtrår.

De som har en underliggande oro eller rädslor beträffande sin prestanda eller rangordning i förhållande till sina kamrater verkar från medvetenhetsnivån för självkänsla. De har ett starkt behov av bekräftelse och erkännande från andra vilket de kanske inte fått ta emot i sin barndom. Som vuxna söker de makt, auktoritet eller status för att få sina behov tillgodosedda. De kan aldrig få nog beröm eller bekräftelse. Följaktligen blir de perfektionister, workaholics och överpresterande. Trots alla utmärkelser de får, vill de alltid ha mer.

Dessa överväganden ledde mig till att inse att vårt tidiga maladaptiva schema (undermedvetna rädslobaserade övertygelser) direkt påverkar de nivåer av medvetande vi verkar från. Det kan blockera eller undergräva vår förmåga att förflytta oss till transformations- och intern samstämmighetsnivåer (individualiseringen och självförverklingande) av medvetande. De dyker upp i våra liv som negativa (potentiellt begränsande) värderingar som t.ex. girighet, kontroll, skuld, statussökande, etc.

Tidga maladaptive scheman (övertygelser) verkar vara ett resultat av dysfunktionella upplevelser med föräldrar, syskon och kamrater under de första åren av individens liv. De flesta scheman (övertygelser) orsakas av dagligt pågående skadliga erfarenheter tillsammans med familjemedlemmar och kamrater som sammantaget stärker övertygelsen, eller schemat. Till exempel, barn som ständigt kritiseras när dess förmåga inte uppfyller föräldranormen är benägna att utveckla scheman för (övertygelser om) sin inkompetens och predestination att misslyckas.[1]

Ny rubricering av de lägre nivåerna av medvetenhet

Den sista ändringen jag gjorde utifrån Maslow's behovstrappa var att kombinera den fysiologiska överlevnadsnivån och säkerhetsnivån i en kategori. Motivet var att det är våra celler och organ (vårt kroppssinne) som reglerar de fysiologiska behoven i vår kropp, inte vårt personliga medvetande. Endast i tider av kris eller dysfunktion ingriper vårt personliga medvetande i kroppen. Till exempel skickar vår kropp signaler till vårt personliga medvetande när den behöver mat och vatten eller behöver göra sig av med avfall. Vårt personliga medvetande har inte kontroll över dessa naturliga funktioner. Den kombinerade nivån fick namnet "medvetenhetsnivån för överlevnad" eftersom det fokuserar på frågor om fysisk överlevnad, fysisk säkerhet och fysiska hälsa.

Nivån för kärlek/tillhörighet gav jag namnet *"medvetandenivån för relation"*. Det var naturligt eftersom vår förmåga att uppleva känslan av tillhörighet och kärlek beror på kvaliteten på våra relationer. Jag såg däremot inget behov av någon ny beteckning för *"medvetenhetsnivån för självkänsla"*. Självkänslanivån, tillsammans med relationsnivån, representerar våra känslomässiga behov.

Därmed har jag skapat tre nivåer av mänskligt medvetande från de första fyra nivåerna av Maslows hierarki av grundläggande behov, överlevnadsmedvetande (överlevnad och säkerhet kombinerat), relationsmedvetande (ersätter kärlek/tillhörighet) och självkänslamedvetandet. Tillsammans representerar dessa tre nivåer av medvetande uppkomsten och utvecklingen av egot, de tre första stadierna av psykologiska utveckling.

Med dessa tre ändringar i Abraham Maslows modell (från behov till medvetande, expanderande av självförverkligandet och ommärkning av de grundläggande behoven) kunde jag konstruera en modell av medvetande som motsvarar utvecklingen av det mänskliga egot och aktiveringen av den mänskliga själen. Varje nivå i modellen representerar ett evolutionärt behov som är inneboende i människans betingelse.

Behoven vi har genererar drivkrafter som i sin tur påverkar våra beteenden. Om du inte kan tillgodose ett specifikt behov på en nivå, kommer ditt medvetande att kontinuerligt återvända till denna nivå tills du har möjlighet att tillfredsställa det specifika behovet. När vi har lärt oss att bemästra behoven kopplade till en viss nivå, skiftar vi automatiskt fokus för vårt medvetande och våra drivkrafter till att tillfredsställa vårt nästa viktigaste behov. Oftast är det ett behov som återfinns på nästa, högre, nivå av medvetande.

Note

[1] Jeffrey E. Young, *Cognitive Therapy for Personality Disorders: A schema-focused approach (revised edition)* (Sarasota: Professional Resource Press), 1994, p. 11.

APPENDIX 2

Världsuppfattning och stadier av psykologisk utveckling

Tabell 6.1 (från *Evolutionary Coaching*[1]) är baserad på modellen för *Spiral Dynamics* och visar en möjlig korrelation mellan de olika stadierna av psykologisk utveckling och världsuppfattning. Märk väl att denna kartläggning är ungefärlig.

Tabell A2.1: Stadierna av psykologisk utveckling och världsuppfattningar.

Stadier av psykologisk utveckling	Världsuppfattning
Tjänande	Holistisk
Integrering	Integrerande
Självförverkligande	Människor
Individualisering	
Differentiering	Status
	Auktoritet
	Makt
Anpassning	Stam/Klan
Överlevnad	Överlevnad

Jag skulle vilja göra följande kommentarer till tabell A2.1.

För det första, det tog tre skiften av världsbild (makt, auktoritet och status) för att gradvis öppna upp möjligheten för stadiet av psykologisk utveckling *differentiering* till gemene man. Men det tog bara ett världsbildsskifte (från status till människor) för att öppna upp möjligheten att uppleva individualisering och självförverkligande stadier av psykologisk utveckling.

För det andra, även om det inte finns några samhällen som arbetar med integrativ världsbild idag så börjar vissa samhällen experimentera med det. Detta är något som vi kan förvänta oss se växa fram inom de mest avancerade demokratiska nationernas gruppgemenskaper och samhällen under de närmaste decennierna.

För det tredje skiljer sig den sammanbindning som sker inom världsbilden *klan/stam* från den som sker inom världsbilden *människor*. Bindningen på klan/stamnivå är exklusiv. Det händer bara i grupper som delar samma etnicitet eller arv. Människor med olika etnicitet eller med annat arv är undantagna från gruppen. Sammanbindningen inom världsbilden människor är allomfattande. Alla i samma gemenskap och samhälle, inklusive människor med olika etniciteter ingår.

Slutligen, sett i sin helhet innehåller ramen för mänsklig kollektiv uppkomst som beskrivits tidigare vissa evolutionära mönster. Varje världsbild är progressivt mer inkluderande. Kriterierna för medlemskap i gruppgemenskaper och samhälle blir mindre fokuserade på etnicitet och religion och mer fokuserade på karaktär eller kompetens. Med varje världsbild minskar gradvis nivån av kulturell rädsla och ett högre stadie av psykologisk utveckling och högre nivå av medvetande återspeglas.

Ovanstående bekräftas av min egen forskning. I boken *Love, Fear and the Destiny of Nations*[2] visar jag att det finns en stark koppling mellan graden av kulturell rädsla i en nation och nivån av demokrati (mätt med the Economic Intelligence Unit's Democracy Index). Efterhand som graden av demokrati ökar, sjunker nivån av kulturell rädsla. När rädslan minskar, ökar nivåerna av jämlikhet och förtroende.

I boken *The Values-Driven Organization*[3] visar jag att nivån av kulturell entropi (effekterna av rädslodrivna beteenden) minskar om organisationer anammar värderingar som är förknippade med högre stadier av psykologisk utveckling.

Förflyttning av världsuppfattningar accelererar för närvarande i snabb takt. Där det tidigare tog årtusenden och sedemera århundraden för nya världsuppfattningar att synas, dyker nu nya världsbilder upp på bara några decennier när förutsättningarna är de rätta (grundläggande behov tillgodosedda och demokrati etablerad).

Effekten av detta är att medvetenheten nu kan utvecklas i en snabbare takt än någonsin tidigare i mänsklighetens historia, eftersom hindren för psykologisk utveckling försvinner. När fler och fler samhällen kan tillgodose folkets grundläggande behov, känner fler och fler människor i dessa samhällen stöd i att flytta från stadiet av differentiering i sin psykologiska utveckling till stadiet för individualisering. Detta i sin tur skapar tryck för att införa demokratisk samhällsstyrning. När demokratiska principer och samhällsstyrning är väl etablerade upplever människor inte längre de kulturella rädslor som hindrade dem från individualisering och självförverkligande.

Noteringar

[1] Richard Barrett, *Evolutionary Coaching: A Values-Based Approach to Unleashing Human Potential* (London: Fulfilling Books), 2014.

[2] Richard Barrett, *Love, Fear and the Destiny of Nations: The Impact of the Evolution of Human Consciousness on World Affairs*, (Bath: Fulfilling Books), 2012.

[3] Richard Barrett, *The Values-Driven Organization: Unleashing Human Potential for Performance and Profit* (London: Routledge), 2013.

APPENDIX 3

Sju stadier av psykologisk utveckling

De sju stadier av psykologisk utveckling sker i ordningsföljd under hela vårt liv. Vi börjar resan med att lära oss att överleva och vi fullgör den genom att lära oss att tjäna. De tre första stadierna av psykologisk utveckling handlar om att utveckla färdigheter (fysiska och känslomässiga) för att tillgodose våra bristbehov och de tre sista stadierna handlar om att lära sig att tillfredställa tillväxtbehoven. Vår förmåga att skifta från att fokusera på de grundläggande behoven till att fokusera på tillväxtbehoven beror på många faktorer, varav de viktigaste är följande.

Dina föräldrars nivå av psykologisk utveckling

Om trycket att anpassa sig till sina föräldrars värderingar, övertygelser och traditioner är stort, kan det kännas obehagligt att utforska sina egna värderingar och övertygelser. Din familj kanske inte förstår varför du vill vara annorlunda eller vad du tycker är fel med deras sätt att vara/leva.

Nivån av kulturell utvecklingen i samhället du växer upp i

Är trycket att anpassa sig till värderingar och övertygelser i samhället och kulturen du tillhör starkt kan du riskera kritik, bannlysning eller till och med fängelse om du påbörjar individualiseringsprocessen. Din önskan att ha frihet att utforska din unicitet kommer att ses som ett hot.

Den utbildningsnivå du når

Om du inte deltar i någon form av offentlig eller privat utbildning eller får internationella efarenheter som är utöver den nivå dina föräldrar har tillgodogjort sig, kan du kanske inte nå längre än deras nivå av psykologisk utveckling.

Din viljestyrka att utforska hela din mänskliga potential

Det krävs viljestyrka och stort mod för att utforska de högre stadierna av psykologisk utveckling om trycket på anpassning är stort från din familj, gruppgemenskap och/eller samhället. Om du fortsätter riskerar du att klippa de band som hittills gjort det möjligt för dig att uppfylla dina grundläggande behov. Du riskerar isolering och ensamhet.

De flesta människorna i världen når aldrig längre än det tredje stadiet av psykologisk utveckling på grund av vissa eller alla ovan nämnda skäl. Det står för mycket på spel (särskilt för kvinnor och människor som lever i auktoritära kulturer) för att riskera att utforska de högre stadierna av psykologisk utveckling

Det som håller människor tillbaka är rädslan för att inte kunna uppfylla sina bristbehov medan det som utvecklar människor är deras sökande efter mening och betydelse.

De tre första stadierna såsom, överlevnad, anpassning och differentiering, är stadier av egots utveckling. Dessa stadier passerar vi alla naturligt igenom med början när vi föds och fram till när vi blir unga vuxna. Hur väl vi kan behärska dessa utvecklingsstadier, tillgodose våra grundläggande behov och utveckla ett hälsosamt ego, avgör i stor utsträckning vår förmåga att engagera oss i de högre utvecklingsstadierna.

De tre första stadierna i utvecklingen handlar om att lära sig att överleva i föräldrarnas och kulturens ramverk för tillvaron där du är beroende av andra för att uppfylla dina grundläggande behov. Det fjärde och de efterföljande utvecklingsstadierna handlar om att upptäcka vem du egentligen är bortom dina föräldrars programmering och kulturella konditionering. Det handlar om att omfamna den unika känslan av dig själv och bli verkligt oberoende, övervinna ditt beroende av dem omkring dig för dina behov av överlevnad, relationer och självkänsla.

För att till fullo anamma de högre utvecklingsstadierna måste du vara beredd att släppa de delar av din föräldra- och kulturella konditionering som du identiferat dig med under de tre första stadierna i din utveckling och som inte längre hjälper dig eller inte är i linje med vem du egentligen är. Du måste börja anamma dina medfödda värderingar, övertygelser och passioner som speglar ditt unika jag.

På grund av fattigdom, kulturella och politiska omständigheter under vilka de flesta människor på planeten lever, kommer de flesta aldrig till det fjärde stadiet i utvecklingen. De lever i ett tillstånd av beroende, oförmögna att individualisera sig eftersom de identifierar sig med de kulturella och religiösa övertygelserna de vuxit upp med. Alternativt hålls de tillbaka från att uttrycka sitt unika jag genom repressiva politiska regimer eller starka religiösa kulturer. Det krävs stort mod under sådana omständigheter att skilja sig från mängden och bli den man egentligen är.

Genom att minska fattigdomen och införa demokratisk samhällsstyrning har vi gjort det möjligt för de stora massorna att tillgodose sina grundläggande behov och gett dem frihet att individualisera och följa sina tillväxtbehov. Detta är en av de stora evolutionära fördelarna som modern ekonomisk och social utveckling har fört med sig.

Om du har turen att leva i ett samhälle eller en kultur där det unika firas, högre utbildning är lätttillgänglig och du stimuleras att vara oberoende (tänka själv) redan från tidig ålder, så kan du redan under dina tidiga vuxna år börja känna att din själ dras mot mot högre psykologiska utvecklingstadier d.v.s. mot individualisering och självförverkligande.

I vissa sällsynta fall, finner vi människor, låt oss kalla dem mystiker, som uppnår högre stadier av psykologisk utveckling utan att till synes passera genom de lägre stadierna. De utvecklar ett naturligt själsmedvetande utan att ha upplevt några betydande behov från sitt ego.

Följande text ger en kort beskrivning av viktiga kännetecken för vart och ett av de sju stadierna av psykologisk utveckling.

Överlevnad

Strävan efter överlevnad startar så snart ett människobarn föds. I detta stadie är barnet beroende av andra för att uppfylla sina fysiologiska behov. Det nyfödda barnet vet instinktivt, genom sin DNA programmering, vad det måste göra för att etablera sig som en livskraftig enhet i en fysisk värld.

Under detta första skede av psykologisk utveckling etablerar barnet en egen känsla av identitet, lär sig hur det kan utöva kontroll över sin omgivning så att den kan få sina överlevnadsbehov tillgodosedda. Om barnet finner denna uppgift svår, på grund av att föräldrarna inte är tillräckligt vaksamma på barnets behov, eller om barnet lämnas ensamt eller överges under längre tidsperioder, kommer barnets begynnande ego att bilda undermedvetna rädslodrivna övertygelser (tidiga maladaptiva scheman) om att världen är en osäker plats och att de människor de är berorende av inte går att lita på.

Om å andra sidan, barnets föräldrar är lyhörda för dess behov, är vaksamma och mottagliga för tecken på oro, kommer barnet att växa upp med en känsla av trygghet och tro på att man kan lita på andra. Att känna sig fysiskt trygg och säker är ego-sinnets första och viktigaste behov.

Anpassning

Uppgiften för barnet i detta stadie av utvecklingen är att tillfredsställa sitt behov av kärlek och tillhörighet. Det måste känna sig tryggt inom ramen för sin kända tillvaro. Det unga barnet lär sig snabbt att livet är behagligare och mindre hotfullt om det lever i harmoni med sina föräldrar och syskon. Att var lojal mot anhöriga och samhället, följa regler samt att delta i ritualer och traditioner är viktigt eftersom de befäster barnets känsla av tillhörighet och förbättrar dess känsla av säkerhet.

I detta stadie lär sig barnet omedvetet övertygelser och beteenden som gör det möjligt att maximera njutning och minimera smärta. Om straff används som medel för anpassning till "regler" (uttalade eller outtalade), kan barnet kan anta en strategi att skylla på andra för att undvika tillrättavisningar. Om barnet anser att reglerna eller reprimanderna är ojusta eller orättvisa, kan det utveckla en upprorisk ådra.

Växer barnet upp och av någon anledning (dåligt föräldraskap, bristande uppmärksamhet, etc.) känner sig oälskat eller inte känner tillhörighet, kan barnets ego utveckla undermedvetna rädslodrivna föreställningar i stil med att världen är orättvis, att jag inte är viktig eller att jag inte är värd att älskas. Senare i livet kan barnet komma att söka kärlek, behöva beröm, och vilja ha rättvisa. Barnet kommer att vara på jakt efter vänner, grupper eller samhällen där dessa behov kan tillgodoses. Att känna sig säker, älskad och ha en känsla av tillhörighet är ego-sinnets näst viktigaste behov.

Differentiering

Nästa stadie i psykologisk utveckling är differentiering. Här söker barnet/ tonåringen/ den unga vuxna att uppfylla sitt behov av respekt och erkännande. Hen vill känna sig sedd, speciell, respekterad och få uppskattning av föräldrar, familj, syskon, kamrater, lärare eller gängmedlemmar för något hen kan göra bra och excellerar inom. Barnet/tonåringen/ den unga vuxna vill sticka ut från mängden. Uppgiften i det här stadiet är att finslipa sina gåvor och talanger (de saker man är bra på) så att man kan utveckla en sund känsla av stolthet i sina prestationer och en känsla av egenvärde. Du vill må bra som den du är.

Dina föräldrar är avgörande i detta stadie av utvecklingen för att ge dig den positiva feedback du behöver. Får du inte denna feedback kommer du att växa upp med en undermedveten rädslobaserade tro att du inte är tillräckligt bra. Du kommer att känna dig tvungen att bevisa ditt värde. Du kan bli mycket tävlingsinrikad, söka makt, auktoritet eller status så att du får bekräftat av vänner eller auktoriteter att du är någon som är viktigt eller någon att frukta. Får ditt ego inte den uppmuntran den behöver, kan du växa upp med en känsla av att oavsett hur mycket du än försöker, får du inget erkännande, även när du är framgångsrik, kommer det aldrig verka som nog. Du kommer alltid att sträva efter mer. Att känna egenvärde eller stolthet för dina prestationer är ego-sinnets tredje viktigaste behov.

Om din förflyttning genom dessa tre första stadier av din psykologiska utveckling var framgångsrik, utan betydande trauman eller utvecklande av alltför många undermedvetna rädslobaserade

84

föreställningar om uppfyllandet av dina bristbehov, kommer du att finna det relativt lätt att etablera dig som en livskraftig vuxen inom den kulturella ramen för din existens, så länge som du har möjlighet att tjäna ditt levebröd och uppfylla dina överlevnadsbehov.

Individualisering

Under nästa stadie av psykologisk utveckling, individualiseringsstadiet, som under normala förhållanden sker mellan tjugo och fyrtio års ålder, när vi har börjat uppleva livet som vuxen, kommer vi att börja känna behov av att komma över vårt fysiska och känslomässiga beroende av vår familj och de kulturella grupper vi ingår i och anpassa oss efter våra egna djupt rotade värderingar. Vi vill visa vilka vi verkligen är på den djupaste nivån av vår existens.

Den uppgift vi har framför oss i detta stadie är att omfamna vår frihet genom att separera oss från de delar av våra föräldrars programmering och kulturella konditionering som inte längre tjänar oss. Särskilt de undermedvetna rädslodrivna föreställningarna vi lärt oss i vår barndom och tonåren, som har att göra med att uppfylla våra bristbehov (tidiga maladaptiva scheman) och som håller oss kvar i de tre första nivåerna av medvetenhet.

Att lära sig att minska effekterna av sina rädslobaserade övertygelser kräver vanligtvis en livstid av engagemang för att ta herraväldet över sig själv. Du kommer att behöva avslöja, förstå och släppa dina undermedvetna rädslobaserade övertygelser som har att göra med din förmåga att tillfredsställa dina bristbehov. För att övervinna dessa invanda beteendemönster krävs det att du bygger nya nervbanor vilka bygger på positiva övertygelser. Genom att omfamna din sanna självkänsla, leva de värderingar som djupast stämmer överens med den du är, kommer du att skapa din självständighet, bygga din integritet och börja söka din egen väg i världen.

Att leva efter de värderingar som genljuder djupast med vem du är blir hjälpmedlet att släppa egots beslutsformer (övertygelser) och anta själens beslutsformer (värderingar). De framsteg du gör i detta avseende avgör hur väl du kan gå igenom det självförverkligande utvecklingsstadiet. Att leva ett värderingsdrivet liv är en nödvändig förutsättning för att leva ett syftesdrivet liv.

Du behöver behärska de värderingar och beteenden som bygger din integritet för att framgångsrikt leva din passion. Individualisering och att leva ett värderingsstyrt liv utgör den första etappen av att "aktivera själen".

Det finns miljarder människor på jorden som har svårt att individualisera sig, antingen lever de under förhållanden som gör det svårt för dem att överleva (försörja sig), eller har de undermedvetna rädslobaserade övertygelser som de lärt sig under sin barndom som håller dem fokuserade på att hitta sätt att tillfredsställa sina otillfredsställda fysiska och känslomässiga behov. Individualisering kan vara särskilt utmanande om du bor i en familje- eller stamkultur där människor är beroende av varandra för sin överlevnad och där trycket på att anpassa sig är stort.

Växte du å andra sidan upp med självförverkligade föräldrar, som tog hand om dina grundläggande behov och behandlade dig som en ung vuxen, genom att lära dig att ta ansvar och stå upp för ditt liv och dina känslor, är det relativt sett lätt att gå vidare till individualiseringsstadiet av din utveckling. När du väl har lärt sig att bemästra dina bristbehov och etablerat dig som en livskraftig och självständig individ, kan du känna en dragningskraft mot att leva ett syftesdrivet liv.

Självförverkligande

Det självförverkligande utvecklingsstadiet innebär att tillfredsställa ditt behov av att finna mening och syfte i ditt liv genom att upptäcka dina unika gåvor och talanger samt göra dem tillgängliga för världen. Det handlar också om att lära sig att anpassa egots motiv och själens motiv till varandra.

För de flesta människor börjar resan till att hitta sin själs syfte, sitt kall eller yrke, oftast med en känsla av obehag eller tristess inför det arbete som har varit engagerade tidigare i livet och vilket de nu är beroende av för sin försörjning. Detta kan vara en utmaning, särskilt om det arbete man nu intresserar sig för är mindre lönsamt och mindre säkert än det tidigare arbetet. Med andra ord kan anpassningen till din själs syfte ställa dig ansikte mot ansikte med dina överlevnadsrädslor.

Du kommer veta att du har nått detta utvecklingsstadie när du inte längre tycker att detta är utmanande. Du kanske inte längre har en aptit för vad du tidigare hållit på med. Du kommer vilja förflytta dig från det du såg som ett jobb eller en karriär till att fokusera på ett arbete som känns som ditt syfte. När du börjar upptäcka din själs syfte, en verksamhet eller ett arbete du brinner för, kommer du känna hur nya energier uppstår och växer.

Upptäckten av din själs syfte kommer att ge passion, kreativitet och vitalitet tillbaka till ditt liv. Ditt liv kommer att ha betydelse. Att hitta sin själs syfte och engagera sig i det utgör den andra etappen av att "aktivera själen".

Integrering

Det integrerande utvecklingsstadiet innebär att tillfredsställa ditt behov av att göra skillnad i världen genom att använda de unika gåvor och talanger du upptäckt i det självförverkligande stadiet. När du gör framsteg i denna strävan kommer du att inse att omfattningen av det bidrag du kan ge och din påverkan i världen är beroende av din förmåga att knyta an till och samarbeta med andra som delar dina värderingar och syfte. Människor med vilka du är i samklang och känner empati för. Detta är din själsgemenskap.

För att göra denna övergång från självförverkligandestadiet till det integrerande stadiet behöver vi ha en vidare känsla av identitet, gå från att vara oberoende till att vara beroende av varandra. Inte alla har emotionell kapacitet för att kunna göra denna förflyttning. Att integrera med andra för att göra skillnad i världen utgör den tredje etappen av att "aktivera själen".

Att tjäna

Det tjänande stadiet av psykologisk utveckling innebär att tillfredsställa ditt behov av att leva ett liv i tjänst till gagn för mänskligheten och planeten genom att leva ut ditt syfte och därmed uppfylla ditt öde. I detta skede börjar du känna igen enheten och det ömsesidiga beroendet av allt. Detta kommer att påverka ditt beteende, dina attityder och alla andra aspekter av ditt liv. Att göra skillnad blir en central del av ditt liv.

Det kan tänkas att du finner att din arbetsplats har blivit "för liten" för dig för att uppfylla ditt syfte. Du kan behöva hitta en ny och större roll för dig själv i samhället. Du kanske blir en "byäldste" i samhället, eller en mentor för dem som står inför livets utmaningar. Du kanske tar hand om de sjuka eller döende eller kanske hittar du sätt att stödja små barn, tonåringar att hantera svårigheterna med att växa upp. Vad du än gör kommer det på något sätt stödja välbefinnandet i samhället eller gemenskapen där du bor. Innerst inne kommer du börja förstå att vi alla är sammankopplade på ett energimässigt plan och genom att tjäna andra tjänar du dig själv. Osjälviskt tjänande representerar den fjärde etappen av "själens aktivering".

De sju stadierna av psykologisk utveckling sker i ordningsföljd under hela våra liv. Vi börjar resan med att lära oss att överleva, och vi fullföljer den genom att lära oss att tjäna. Vi börjar våra vuxna liv i egots medvetande. Lyckas vi med vår psykologiska utveckling avslutar vi vårt vuxna liv i själsmedvetandet. Du kommer upptäcka när du förflyttar dig genom dessa övre utvecklingsstadier, från självförverkligande till att tjäna, att du till och från behöver tid att gå tillbaka till transformationens (fjärde) medvetandestadie för att ta itu med och arbeta igenom djupare känslor av separation som dyker upp. På detta sätt är individualisering/transformation en ständigt pågående process, något du kommer att behöva fokusera på resten av ditt vuxna liv.

För en mer detaljerad redogörelse av de högre stadierna av psykologisk utveckling, läs; *What My Soul Told Me: A Practical Guide to Soul Activation.*[1]

Noteringar

[1] Richard Barrett, *What My Soul Told Me: A Practical Guide to Soul Activation* (London: Fulfilling Books), 2012.

INDEX

A

Abraham Maslow 5, 43, 69, 76
A-dimensionen 14, 15, 25
Antonio Damasio 39, 49

B

Barbara Brennan 18
Bhutan 66, 67
Bli livskraftig och oberoende 31, 38

C

Carl Jung 28, 72
Center for Integral Wisdom xiii, xvi
Christopher Cowan 17

D

demokrati 8, 10, 67, 78
DNA 41, 83
Don Beck 17

E

egomotivation 7, 12
ego-sinne 14, 15, 16, 17, 43, 44, 45, 46, 53, 59, 60, 83, 84
ego-själ dynamik 6, 12, 19, 46
Einstein xv, 13, 14, 17, 25
energifält 13, 14, 15, 16, 17, 18, 26, 28, 29, 39, 40, 41, 42, 43, 44, 45, 46, 47, 48, 51, 70
Ervin Laszlo 14, 18
eukaryotacell 30, 35, 36
Evolutionary Coaching ix, 8, 9, 17, 79
evolutionär dynamik 6, 12, 19, 46
extern samstämmighet 2, 22, 30, 31, 37, 38, 39, 40, 41, 42, 44, 45, 46

F

Fem fingrar övningen 26, 28
formativa år 6, 7, 8, 48
fysisk mognad 5
Förenta Nationerna 31
föräldrarprogrammering 7, 15, 48, 82, 85

G

gå samman för att bilda gruppstrukturer 31, 38

H

hinder för tillväxt 8
homeostas 16, 39
homosapiens 25, 30, 34, 35, 36, 38
hög entropi 52, 56

I

identitet 14, 15, 22, 23, 24, 31, 32, 33, 34, 36, 38, 39, 41, 42, 43, 45, 47, 50, 71, 83, 87
intern stabilitet 2, 13, 14, 16, 17, 22, 30, 31, 32, 37, 38, 39, 40, 41, 42, 44, 45, 46, 47

J

Jung, Carl 72

K

kolatom 30, 35
kovalent bindning 35
kropps-sinne 14, 16, 17, 41, 42, 43, 44, 45, 75
kulturell konditionering 7, 15, 82, 85
kulturell entropi 32, 50, 51, 57, 58, 59, 61, 62, 63, 64, 65, 66, 67, 78
Kulturella transformationsverktyg (Cultural Transformation Tools, CTT) 1, 20, 51
Kulturell värderingsutvärdering (Cultural Values Assessment) 20, 61

L

Ledarskapsvärderingsutvärdering (Leadership Values Assessment) 20
Love, Fear and the Destiny of Nations ix, 79
fysiska sinnens begränsningar 29
låg entropi 55, 56

M

M-dimension 14, 15, 25
Marc Gafni xvi, 18
Maslow, Abraham 69
medarbetarengagemang 63
Myers-Briggs xv

N

nuvarande kultur 58, 59, 60, 61, 62, 65, 66, 67

O

organisation ix, xiii, 1, 2, 20, 21, 23, 32, 33, 47, 50, 51, 57, 58, 59, 60, 61, 62, 63, 64, 78, 79

P

personlig entropi 50, 51, 52, 53, 54, 55, 61
primär motivation 9, 53
prokaryot cell 35, 36

R

Richard Barrett xv, 17, 57, 64, 79, 88
Richard Conn Henry 37
R. W. Clarke 17
rädslobaserad energi 15

S

Samarbeta för att skapa en högre entitet 33, 38
sanna jag 15
sekundär motivation 9, 17, 50, 53
Sju nivåmodellen 2, 5, 6, 19, 69
Sju nivåer av medvetenhetsmodellen 1, 52, 58, 70
självförverkligande 70
nivåer 72
självförverkligade föräldrar 7, 10, 86
Spiral Dynamics 8, 17, 77

stadier av ego utveckling 6, 81
stadier av psykologisk utveckling
    2, 5, 6, 7, 9, 12, 15, 20, 24, 40, 47,
    76, 77, 78, 80, 81, 82, 88
stadier av själens utveckling 7

T

The Values-Driven Organization
    ix, 51, 57, 62, 64, 79

U

Unika jaget xiii, xvi, 15, 18, 82
universala stadier av evolution 30, 31,
    34, 45

V

Vedisk filosofi 1, 70, 72, 73
Vedisk tradition 1
vilja att överleva 45
vänskap 11, 12, 51
världsuppfattningar 8, 10, 48, 77, 78

W

What My Soul Told Me ix, 88

Z

Zak Stein xiii

Å

åldersintervall 9, 10, 12

Ö

önskad kultur 58, 60, 61, 62, 65, 66

www.ingramcontent.com/pod-product-compliance
Lightning Source LLC
Chambersburg PA
CBHW072218170526
45158CB00002BA/644